Das Tiernamenlexikon
Die schönsten Haustiernamen aus aller Welt

AF201282

Ulrike Schwarz

Das Tiernamenlexikon

Die schönsten Haustiernamen aus aller Welt

2500 Namen und ihre Bedeutung

Impressum:

2. Auflage 2017, früherer Titel „Wie soll es heißen?"

© 2017 Ulrike Schwarz

Herstellung und Verlag: BoD – Books on Demand, Norderstedt.

ISBN: 978-3-74487-437-3

Männliche Tiernamen

Abadu *afrik./ewe „Der stets zurückkommt"*
Abakus *lat. „Tischplatte", z. B. Bezeichnung für eine Rechentafel*
Abian *filipin. „Freund"*
Abraham *hebr. „Vater von vielen"*
Abraxas *ägypt. Symbol des höchsten Urwesens, aus dem die fünf Urkräfte Geist, Wort, Vorsehung, Weisheit und Macht hervorgegangen sind*
Abu *arab. „Vater"*
Achilles *Name eines griech. Helden*
Adair *Variante von Edgar altengl. „Reich und mächtig"*
Adam *hebr. „Mensch"*
Addison / Addyson *„Sohn von Adam", nach einem engl. Nachnamen*
Adonis *Name des schönen Geliebten der Aphrodite in der griech. Mythologie*
Adrian *„von der Adria" vom lat. Beinamen Hadrianus, „aus Hadria"*
Advokat *lat. „Der Herbeigerufene"*
Aemilian *engl. Kurzform des röm. Beinamens Aemilianus; von lat. aemulus, „Rivale"*
Aeneas *von griech. aine, „Lobpreis"; Aeneas ist der Sohn Aphrodites in der griech. Mythologie*
Aero *„Der Luftige" von griech. aer, „Luft"*
Aesop *nach dem griech. Fabeldichter, Namensbedeutung unklar*
Agrippa *griech. „Wildpferd"*
Ahab *hebr. „Onkel"*
Afro *Vorsilbe für etwas, das aus Afrika stammt*
Agathon *griech. „Das Gute"*
Aiko *fries. Kurzform von Namen, die mit Agil- beginnen*
Ajani *nigerian. „Er kämpft für sein Eigentum"*
Ajax *Name zweier Helden aus der griech. Mythologie; beliebter Hundename*
Akai *indian./blackfoot „Der Weise"*
Akash *ind. „Himmel"*

Akira jap. „leuchtend"

Akiki ostafrik./luganda. „Freund"

Akito jap. „kleiner Teufel"

Aladin / Aladdin Name einer Figur aus der Geschichtensammlung Tausendundeine Nacht

Al Bundy Name eines Seriencharakters einer US-amerikanischen Fernsehserie

Albin Kurzform des röm. Beinamens Albinus, von lat. albus, „Der Weiße"

Albion alter Name für England, von lat. albus, „weiß"

Albus lat. „Der Weiße"

Al Capone Name eines bekannten US-amerikanischen Verbrechers der 20er und 30er Jahre

Aldrix „Weiser Herrscher"; Variante des german. Namens Aldric

Aleph Der 1. Buchstabe des hebr. Alphabets

Alessio ital. Form von Alexis

Alex Kurzform von Alexander, griech. „Der Verteidiger, Beschützer"

Alexis griech. „Beschützer"

Alf Kurzform von Alfred, ahd. „Elfenratgeber"

Aljoscha russ. Kurzform von Alexei und Alexander

Allegro ital. „heiter"

Alpha der erste Buchstabe des griech. Alphabets

Alvi finn. Variante von Albin

Altair arab. „Der Fliegende"; Name eines Sterns in der Konstellation Aquila

Alwin / Alvin Verkleinerungsformen von Adalwin, ahd. „Edler Freund"

Alvar schwed./estn., von altnord. Alfarr, „Elfenkrieger"

Amadeo / Amadis ital. und span. Formen von Amadeus

Amadeus lat. „Liebe Gott"

Amani arab. „Wünsche"

Amar arab. „Gläubig"; ind. „Unsterblich"

Amaretto ital. „Der kleine Bittere"; Bezeichnung für einen Mandellikör

Amari yoruba „Stärke"

Amarin von lat. marinus „Aus dem Meer"

Amaru Name einer Figur aus der jap. Animeserie Naruto

Ambrosius *latinisierte Form des griech. Namens Ambrosios, „Der Unsterbliche"*

Ami *frz. „Freund"; hebr. „vertrauenswürdig"*

Amicus *lat. „Freund"*

Amigo *ital. „Freund"*

Amin *arab. „Der Wahrhafte"*

Amir *arab. „Prinz", hebr. „Baumwipfel"*

Amis *engl. Variante von Amicus*

Amor *lat. „Liebe"; Name des röm. Liebesgottes*

Amos *hebr. „Der Getragene"*

Anakin *Name einer Figur der Star-Wars-Saga, dem Nachnamen Annakin entlehnt*

Anatol *poln., von Anatolios, griech. anatole „Sonnenaufgang"*

Andrian *bulg. Form von Andreas, griech. „männlich"*

Andrin / Andri *rätoroman. Formen von Heinrich, von germ. „Herrscher des Heims"*

Angelo *ital. Form von Angelus, lat. „Engel"*

Anish *ind. „Der Beste, Oberste"*

Anko *Name eines jap. Königs*

Ansgar *germ. „Speer Gottes"*

Anthrax *griech. „Kohle"; wissenschaftl. Name der Infektionskrankheit Milzbrand*

Anton *Kurzform des röm. Familiennamen Antonius, Bedeutung unklar*

Anubis *Name des altägypt. Totengottes*

Apollo *griech. Gott des Lichts, der Heilung und der Weisheit*

Apple *engl. „Apfel"*

Aquila *lat. „Adler"*

Aragon *Name eines früheren span. Königreiches*

Aragorn *Name einer Romanfigur in Tolkiens „Der Herr der Ringe"*

Aramis *Name einer Romanfigur in Dumas' „Die drei Musketiere"*

Aras / Arras *lit. „Adler"*

Arash *ind. „Der Erleuchtete"*

Arden *nach einem engl. Familiennamen kelt. Herkunft*

Ares *röm. Gott des Krieges; griech. Bezeichnung für den Planeten Mars*

Argon Name einer Romanfigur in Tolkiens „Der Herr der Ringe"

Argos griech. „glänzend"

Arian niederl. Form von Adrian, Kurzform von Hadrianus, „aus Hadria", einer Stadt an der Adria

Ariel hebr. „Löwe Gottes"

Arion Name eines Sohnes (in Pferdegestalt) von Poseidon und Demeter in der griech. Mythologie

Aristo / Ariston griech. „Der Beste"

Aristoteles griech. „Der beste Zweck"

Arkan von lat. arcanum, „Geheimnis"

Arnold germ. „Kraft des Adlers"

Arrow engl. „Pfeil"

Artax Name eines Pferdes in Michael Endes Roman „Die unendliche Geschichte"

Arthur / Artur von kelt. artos, „Bär"

Artus engl. Variante von Arthur

Arun ind. „Morgensonne"

Asher hebr. „Der Gesegnete"

Ashton nach einem engl. Familiennamen, altengl. „Eschenstadt"

Askan / Ascan griech. Kurzform von Ascanius, „Sohn des Aeneas"

Asim arab. „Beschützer"

Aslan türk. „Löwe"

Asterix gall. Name einer französischen Comicfigur, Freund von Obelix

Astor okz. „Falke"; Name eines Pokémon-Charakters

Asvin / Aswin ahd. „Treund Gottes"

Athanasius griech. „Der Unsterbliche"

Athos einer der Giganten in der griech. Mythologie; Romanfigur in Alexandre Dumas' „Die drei Musketiere"

Atlantis Name eines mythologischen versunkenen Kontinents

Atlas Name eines Titanen der griech. Mythologie, der die Erde auf seinen Schultern tragen musste

Atréju / Atreyu Romanfigur in Michael Endes „Die unendliche Geschichte"

Attai hebr. „Bereit"

Atticus lat. „Aus Attica"

Attila / Atilla got. „Kleiner Vater", Name eines legendären Hunnenkönigs

Atze *dt. Kurzform von Arthur*

August / Augustin *Varianten von Augustus, lat. „Der Ehrwürdige"*

Aulis *finn. „Der Hilfsbereite"*

Aurel / Aurelian *Kurzformen des röm. Beinamens Aurelianus*

Aurelius *„Der Goldene"; von lat. aureus, „golden"*

Aureus *lat. „Golden"; Bezeichnung für eine römische Goldmünze*

Aurian *von lat. „Golden"*

Avalon *Name einer mythischen Insel und Rückzugsort König Artus'*

Avatar *Bezeichnung für eine künstl. Figur, aus dem Sanskrit Avatara, „Abstieg einer Gottheit zur Erde"*

Avi *hebr. „Mein Vater"*

Avicus *Romanfigur aus Anne Rice' Vampirchroniken*

Axel *mittelalterliche dän. Form von Absalom, hebr. „Mein Vater ist Frieden"*

Aziz / Asis *arab. „Der Geschätzte"*

Azrael / Azriel / Asrael *Name eines Totenengels im jüd. und isl. Glauben*

Azur *ein himmelblauer Farbton*

B

Babbit / Babbitt Name einer US-amerik. Zeichentrick-Katze, die zusammen mit ihrem Gefährten Catsello den Kanarienvogel Tweety tyrannisiert; Name des titelgebenden Figur in Sinclair Lewis' Roman „Babbitt"

Babu ind. „Kleiner Junge"

Bacardi nach dem gleichnamigen alkoholischen Getränk bzw. der Herstellerfirma

Bacon engl. „Speck"

Bada vom angelsächs. beadu, „Schlacht"

Bagel nach einem amerik. Teigkringel, ein Frühstücksgebäck

Bagheera / Baghira Name eines Panthers in Rudyard Kiplings Roman „Das Dschungelbuch"

Bailey nach einem engl. Familiennamen, entspricht dem deutschen „Vogt"

Baldo ital./span., von german. bald, „mutig"

Balbino nach dem röm. Beinamen Balbus, „Der Stotterer"

Balduin germ. „tapferer Freund"

Baldur isl. „Prinz"

Baldus / Baltus / Balthus fries./niederl. Kurzformen von Balthasar

Balian nach Balian von Ibelin, einem führenden Baron im Königreich Jerusalem; sein Leben wurde 2005 unter dem Titel „Königreich der Himmel" verfilmt

Balthasar hebr./lat. Form des akkad. Namens Bel-sarra-uzzur, „Baal (Gott) schützt den König"

Balto Name eines Schlittenhundes, der als Leithund des letzten Schlittenhundegespanns im Serum Run to Nome 1925 weltberühmt wurde

Balu / Balou Name eines Bären in Rudyard Kiplings Roman „Das Dschungelbuch"

Balzac nach dem frz. Schriftsteller Honoré de Balzac

Bandit Bezeichnung für einen Gesetzlosen

Banjo nach dem Saiteninstrument

Barbarossa ital. „Rotbart"; Beiname Friedrichs I.

Barisch türk. „Frieden"

Bärli Verniedlichung von „Bär"

Barney engl. Kurzform von Barnaby oder Bernard; Name eines Bären in der Zeichentrickserie „Barney Bear"

Baron nach dem gleichnamigen niedrigen Adelstitel

Baroque frz. „barock"

Barry engl./irische Kurzform von Fionnbharr, „heller Kopf"

Bartley nach einem engl. Familiennamen

Bartók ung. Variante von Bartholomäus, aram. „Sohn des Runzeligen"

Basil engl. Name, von griech. basileios, „König", Name einer Maus im Disneyfilm „Basil der Mäusedetektiv"

Batman nach einer amerik. Superhelden-Comicfigur

Baxter nach einem engl. Nachnamen („Bäcker")

Bazoo (gespr. Basu) amerik. Slang für „Mund"

Beau frz. „Der Schöne"

Beethoven nach dem deutschen Komponisten Ludwig van Beethoven

Beetlejuice Figur in der gleichnamigen US-amerik. Gespensterkomödie

Bela ung./tschech. „Der Weiße"

Belial Name einer dämonischen Gestalt aus der Bibel

Bellini Bezeichnung eines alkoholischen Pfirsich-Cocktails

Bello klassischer Hundename, ital. „Der Schöne"

Belmondo nach dem frz. Schauspieler Jean-Paul Belmondo

Ben / Benny / Benji engl. Kurzformen von Benjamin, hebr. „Sohn des Südens"

Bendix fries./nordd. Form von Benedikt, lat. „Der Gesegnete"

Bengel ein passender Name für einen Frechdachs

Benito span. Form von Benedikt

Bennet / Bennett engl. mittelalterl. Form von Benedikt

Benno dt. Kurzform von Namen, die mit Bern- beginnen

Bentley Name eines brit. Automobilherstellers

Beppe / Beppo Kurzform von Giuseppe, der ital. Form von Josef, hebr. „Er wird hinzufügen"

Berni / Bernie Kurzform von Bernhard, ahd. „Der Bärenstarke"

Bert germ. „Der Leuchtende"

Bertram germ. „Heller Rabe"

Bilbo Name einer Romanfigur aus J. R. R. Tolkiens „Der Herr der Ringe"

Bill / Billy engl. Kurzform des Namens William, der aus den germ. Elementen willa, „Wille" und helm, „Helm, Schutz" besteht

Bindo ital., mittelalterlicher Name, Bedeutung unbekannt

Biscuit / Bisquit nach dem Teigprodukt

Blacky „Der Schwarze" von engl. black, „schwarz"

Blackjack nach einem gleichnamigen Kartenspiel

Blaine gäl. „gelb"

Blair nach einem schott. Familiennamen, gäl. „Kampfplatz"

Blake altengl. „schwarz"

Blitz passend für ein sehr flinkes Tier, oder auch für ein schwarzes Tier mit einer weißen Blesse

Blue engl. „blau"

Blueberry engl. „Blaubeere"

Bo niederl./engl. Kurzform von Namen, die mit Bo- beginnen

Bob / Bobby engl. Kurzformen von Robert, vom germ. Namen Hrodebert, „großer Ruhm"

Bobfried ahd. „Strahlender Friede"

Bodhi ind. „erweckt, erleuchtet"

Bodo / Botho Kurzform von Namen, die mit Bod, germ „Anführer, Herrscher", beginnen

Bodobert germ. „Starker Herrscher"

Bojan slaw. „Kampf"

Bolero Name eines lateinamerik. Tanzstils, Bezeichnung für eine Kurzjacke

Bolle Kosename ohne tiefere Bedeutung

Bombay Name einer Großstadt in Indien

Bomber ist ein starker Name für ein kräftiges Tier.

Bommel ein klassischer Hasenname

Bonaparte nach dem frz. Kaiser Napoleon Bonaparte

Bonito span. „Der Hübsche"

Bono kroat. „Der Gute", von lat. bonum, „gut"

Bora türk. „Wind"

Boreas Gott des Nordwinds in der griech. Mythologie

Boris slaw. „Schneeleopard"

Borja russ. Verkleinerungsform von Boris

Bosco / Bosko ital. „Wald"; nach einem ital. Familiennamen

Bosse schwed. Kurzform von Namen, die mit Bo- beginnen

Boomer Name eines Hundes im Walt Disney-Film „Cap und Capper"

Botticelli nach dem ital. Renaissance-Maler Sandro Botticelli

Bourbon Bezeichnung einer Whiskyvariante

Bounty engl. „Kopfgeld"; Name eines bekannten Segelschiffes

Bowie nach einem gäl. Familiennamen, von gäl. buidhe, „blond-haarig"

Branko serbokroat. Kurzform von Namen, die mit Bran- beginnen

Brandur isl. Form von Brandr, altnord. „Feuer, Schwert"

Brendan / Brennan irisch / walis. „Prinz"

Brian / Bryan / Brion keltischer Name, Bedeutung unbekannt

Brix Kurzform von Brixius, lat. Form von Friedrich, „Der Friedensreiche"

Bronco / Bronko Bezeichnung für ein halbwildes Pferd

Brösel ein freundlicher Name, nicht nur für Nagetiere

Brownie nach einem amerik. Schokoladenkuchen, von brown, „braun"

Brummer ein passender Name für ein großes Tier

Bruno germ. „Der Braune"

Brutus lat. „Der Schwere"

Bud / Buddy engl. „Freund, Kumpel"

Buster von engl. bust, „kaputtmachen"

Butler nach dem engl. Wort für einen Diener

Buzz engl. „Summen, Brummen"

Budo jap. „Weg des Krieges", Oberbegriff für alle jap. Kampfkünste

Byron nach einem engl. Nachnamen

C

Cadfael _walis., von cad „Schlacht" und mael, „Prinz"_
Cadmus _Name einer Gestalt aus der griech. Mythologie_
Caelan / Cailan _engl. Erweiterung von Cáel_
Caesar _nach dem röm. Kaiser Julius Caesar_
Caesarius _spätlat. Erweiterung des Namens Caesar_
Caesarion _griech. „Kleiner Caesar", Spitzname des gemeinsamen Sohnes der Pharaonin Kleopatra und Julius Caesar, Ptolemaios XV._
Caillou _frz. „Kieselstein"_
Caliban _Name eines Wilden in Shakespeares Stück „Der Sturm"_
Caius _Variante von Gaius, eines röm. Vornamens_
Cajetan _von lat. Caietanus, „von Caieta"_
Callistus / Callisto _von griech. kallistos, „Der Allerschönste"_
Callum / Calum _schott. Variante des lat. Namens Columba, „Taube"_
Calvin _nach dem französischen Nachnamen Chauvin, von chauve, „kahl"_
Captain _engl. „Kapitän"; z. B. Captain Ahab_
Carl / Karl _germ. „Mann"_
Carlo / Karlo _ital. Form von Carl / Karl_
Carlos _span. Form von Carl / Karl_
Caron _wal. „lieben"_
Carter _nach einem englischen Nachnamen, „Fahrer"_
Caruso _nach dem bekannten Opernsänger Enrico Caruso, ital. Caro „lieb"_
Casanova _nach dem berüchtigten Herzensbrecher Giacomo Casanova_
Caspar / Casper _engl. Varianten von Kaspar, pers. „Schatzmeister"_
Cassian _nach einem röm. Familiennamen, von Cassius hergeleitet_
Cassidy _nach einem irischen Familiennamen, bedeutet in etwa „Abkömmling des Lockigen"_
Cassiel _hebr. „Schnelligkeit Gottes", Name eines Erzengels_
Cassius _von lat. cassus, „vergeblich"_
Castor _lat./griech. „Biber", Name eines Sternes im Sternbild Zwillinge, Zwillingsstern von Pollux_

Cato lat. „scharfsinnig, gewitzt"; nach einem röm. Schreiber

Catsello eine US-amerik. Zeichentrick-Katze, die zusammen mit ihrem Gefährten Babbit den Kanarienvogel Tweety tyrannisiert

Champion engl. „Der Gewinner"

Charles engl. Form von Karl, germ. „Mann"

Charlie / Charly Kurzformen von Charles

Chase engl. „Jagd"

Cherokee Name eines nordamerik. Indianerstammes

Cheyenne Name eines nordamerik. Indianerstammes

Chico span. „Kleiner"

Chip engl. Kurzform von Christopher

Chronos griech. „Zeit", Name des Gottes der Zeit in der griech. Mythologie

Cicero röm. Beiname, von lat. cicer, „Kichererbse"

Cielo span. „Himmel"

Cleon von griech. kleos, „Ruhm"

Cleophas Name eines Mannes, der in der Bibel erwähnt wird, der Name ist vermutl. aramäischer Herkunft

Colin / Collin irische Form von columba, lat. „Taube"

Conan gäl. „Kleiner Wolf"

Conrí gäl. „König der Wölfe"

Conte ital. „Graf"

Cookie engl. „Plätzchen, Keks"

Cooper nach einem engl. Nachnamen, „Fassmacher"

Corbin nach einem frz. Nachnamen, von corbeau, „Rabe"

Corsin rätoroman. Kurzform von Corsinus, „Der Korse"

Corvin / Korvin Kurzform von Corvinus, lat. „Kleiner Rabe"

Corvus lat. „Rabe"

Cosimo ital. Variante von Cosmas

Cosmas / Kosmas von griech. Kosmos, „Ordnung"

Cosmo engl. Form von Cosmas

Cuma türk./arab. „Freitag"

Cupido ein anderer Name für den römischen Liebesgott Amor

D

D. J. engl. Abkürzung für Disc Jockey

Dabir arab. „Lehrmeister"

Daedalus lat., von griech. daidallo, „geschickt arbeiten"

Dagobert germ. „heller Tag"

Daiki jap. „Große Helligkeit"

Daisuke jap. „Große Hilfe"

Dakarai südafrik./shona „Jubeln"

Dancer engl. „Tänzer"

Dandy ein Dandy bezeichnet jemanden, der sich auffallend herausputzt

Dante ital. Kurzform von Durante, von lat. durans, „anhaltend"; nach dem ital. Schriftsteller Dante Aleghieri

Darcy nach einem engl. Nachnamen, von norm. d'Arcy, „aus Arcy"

Darko slaw., Kurzform von Namen, die das Element daru, „Gabe" enthalten

D'Artagnan Romanfigur in Alexandre Dumas' „Die drei Musketiere"

Dastan pers. „Der Fähige"

Da Vinci nach dem italienischen Renaissancekünstlers Leonardo da Vinci

Dax nach einem engl. Familiennamen, vermutl. von der Stadt Dax in Frankreich hergeleitet

Demetrius latinisiert von Demeter, der griech. Göttin des Ackerbaus

Denny engl. Kurzform von Dennis

Desta ostafrik./amharisch „Freude"

Destan türk. „Sage"

Deveraux / Devereux nach einem engl. Nachnamen, d'Evreux, „aus Evreux"

Devil engl. „Teufel"

Dexter engl. Nachname, von altengl. „Bleicher" bzw. lat. „begabt"

Dicker Der Name Dicker kann die Leibesfülle andeuten, aber auch scherzhaft als „Kumpel" gemeint sein.

Diego span. Kurzform von Santiago, span. „Sankt Jakob"

Dieter germ. „Krieger des Volkes"

Dima russ. Kurzform von Dimitri, nach der griech. Göttin des Ackerbaus, Demeter

Dino Abkürzung für Dinosaurier; ital. Koseform von Namen, die auf -dino enden

Dinko kroat. Kurzform von Dominik, lat. dominicus, „des Herrn"

Divo ital. von lat. divus, „Gott"

Divino ital. „Der Göttliche"

Dixon nach einem engl. Nachnamen, „Richards Sohn"

Dolittle der Tiere verstehende Dr. Dolittle ist die Hauptfigur in Hugh Loftings Kinderbuch „Dr. Dolittle und seine Tiere"

Domino nach dem gleichnamigen Legespiel

Donald engl. Form von Domhnall, gäl. „Herrscher der Welt"

Don z B. nach den literarischen Figuren Don Camillo, oder Don Juan

Dorian Name der titelgebenden Romanfigur in Oscar Wildes „Das Bildnis des Dorian Gray"

Doughnut / Donut engl. „Teignuss"; nach dem amerikanischen frittierten Teigkringel

Draco anglisiert von griech. drakon, „Drache"

Dracula nach dem walachischen Fürsten Vlad Draculea, „des Drachensohns", bzw. dem literarischen Vampir Dracula aus dem gleichnamigen Roman Bram Stokers

Drake engl., von altnord. draki, „Drache"

Drilon alban., lat. Name des Flusses Drin, der durch Albanien, Mazedonien und Kosovo fließt

Dschingis dt./mongol./türk., nach dem mongol. Titel Genghis Khan, „Allumfassender Herrscher"

Dude engl. „Kerl, Typ"; entspricht dem deutschen „Alter"

Duke „Herzog", engl. Adelstitel, von lat. dux „Herrscher" abgeleitet

Duma russ. „Gedanke"

Dumbo nach dem kleinen Elefanten mit großen Ohren aus dem gleichnamigen Disneyfilm

Durai tamil. „Anführer"

Dusan / Dushan serbokroat., von slaw. Dusha, „Seele"

Dusty engl. „Staubig"

E. T. *steht für Extraterrestrian, engl. „Außerirdischer"; nach dem Außerirdischen im gleichnamigen Film*

Earl *engl. „Herzog", von altengl. eorl, „Edelmann, Krieger"*

Echnaton *Name eines altägypt. Pharao*

Edward *altengl. „Reicher Beschützer"*

Eddie / Eddy *engl. Kurzform von Namen, die mit Ed- beginnen*

Eden *hebr. „Ort der Freude"*

Edgar *engl./frz., von altengl. ead, „Wohlstand" und gar, „Speer"*

Edison *nach einem engl. Nachnamen, „Sohn des Eda"*

Einstein *nach dem berühmten Physiker Albert Einstein*

Eiven / Eivin *altnord. „Glücklicher Sieger"*

Elendil *Name einer Romanfigur in Tolkiens „Der Herr der Ringe"*

Elliot / Eliot *Variante von Elias, hebr. „Mein Gott ist Yahweh"*

Elmo *Kurzform von germ. Namen, die mit Helm- beginnen; Kurzform von Erasmus*

Éloi / Eloy *frz./span., von lat. eligere, „auswählen"; St. Eligius ist der Schutzheilige der Metallarbeiter*

Elton *nach einem engl. Nachnamen, „Ellas Stadt"*

Elvis *engl., von altengl. Alviss „allweise"*

Emil *Kurzform d. röm. Namen Aemilius, von lat. aemulus, „Rivale"*

Endymion *von griech. endyein, „hineintauchen"*

Enkidu *Name einer Figur aus dem Gilgamensch-Epos*

Eragon *Name der titelgebenden Romanfigur in Christopher Paolinis „Eragon-Tetralogie"*

Erasmus *latinisiert von griech. erasmios, „geliebt"*

Ernie *engl. Kurzform von Ernest, „Der Ernste"; Figur aus der Sesamstraße (Ernie und Bert)*

Erwin *dt., hergeleitet von germ. Hariwini, von hari, „Armee" und win, „Freund"*

Esprit *frz. „Geist, Verstand"*

Eusebius *griech. „Der Fromme"*

Fabius _röm. Familienname, von lat. faba, „Bohne"_

Falko / Falco _von ital. falco, „Falke"_

Fallou _afrik./senegal. „Freund Gottes"_

Fang _Greif, Fang und Wolf sind die drei Hunde des Bauern Maggot in J. R. R. Tolkiens „Der Herr der Ringe"_

Faust _nach einem dt. Nachnamen, von Faustus, röm. Beiname, „Der Glückliche"_

Feivel _jidd. Verkleinerungsform von Phoebus_

Fellini _nach dem Filmemacher Federico Fellini_

Felino _von lat. felix, „glücklich"_

Felix _lat. „Der Glückliche"_

Fenrir _altnord. „Moorbewohner"; Name eines riesenhaften Wolfs aus der nordischen Legende_

Fenris _Variante von Fenrir_

Fenton _nach einem engl. Nachnamen, „Sumpfstadt"_

Ferdi _Kurzform von Ferdinand_

Ferdinand _germ. „Tapferer Wanderer"_

Ferdinando / Fernando _span. Formen von Ferdinand_

Festus _röm. Beiname, „Fest, Feier"_

Fidel _span., von lat. fidelis, „treu"_

Fidelio _ital./span. Form von Fidelius_

Fidibus _Ein Fidibus ist eigentlich eine Anzündhilfe zum Feuermachen oder für die Tabakpfeife, aber als Wort auch Bestandteil von Zaubersprüchen._

Fido _lat. „Ich bin treu"; klassischer Hundename_

Figaro _Name eines Friseurs in den Opern-Komödien „Der Barbier von Sevilla" und „Figaros Hochzeit"_

Filou _frz. „Frechdachs"_

Findus _Romanfigur in Sven Nordqvists „Petterson und Findus"_

Fipps _Name eines frechen Affen in der gleichnamigen Bildergeschichte von Wilhelm Busch_

Flash _engl. „Blitz"_

Flecki ein passender Name für ein geschecktes Tier

Flip Name des freundlichen Grashüpfers in der alten Zeichentrickserie „Die Biene Maja"

Flokati Bezeichnung für eine flauschige Teppichart aus Griechen-
land, von griech. phlokatos, „(mit Quasten besetzte) Wolldecke"

Flocke dieser Name passt besonders gut zu einem Tier mit einer
Blesse auf der Stirn

Floh ein passender Name für ein kleines Tier

Florens niederl. Form von Florentius, von lat. florens, „blühend"

Florin rum. Form von Florinus, von lat. flos, „Blume"

Floris niederl. Variante von Florens

Floyd engl. Variante von Lloyd, „Der Graue"

Fortunatus lat. „Der Glückliche, Gesegnete"

Fosco ital., von lat. fuscus, „dunkel"

Fox engl. „Fuchs"

Foxi / Foxy geschlechtsneutraler Name, von engl. fox „Fuchs"

Franz dt. Kurzform von Franziscus, lat. „Der Franzose"

Frederick germ. „Friedlicher Herrscher"; Name eines Schweinchens
aus einer Fernsehserie für Kinder

Freddy / Freddie Koseform von Frederick

Frido germ. „Frieden", Kurzform von Namen, die mit Frid- beginnen

Fridolin Erweiterung von germ. frido, „Frieden"

Frieso / Friso fries. „Der Friese"

Fritz dt. Kurzform von Friedrich, „Der Friedensreiche"

Frodo von germ. frod, „weise"; Name einer Romanfigur in J. R. R.
Tolkiens „Der Herr der Ringe"

Fuchur Name des Glücksdrachen in Michael Endes „Die unendliche
Geschichte"

Fussel ein witziger Name für ein langhaariges Tier

Galahad Name eines Ritters aus der Artussage, Sir Galahad

Galaxy engl. „Galaxie"

Galan bezeichnet einen eleganten Kavalier

Galen griech. „ruhig"

Galileo nach dem italienischen Universalgelehrten Galileo Galilei

Gandalf altnord. „Stab-Elf", Name einer Romanfigur in J. R. R. Tolkiens „Der Herr der Ringe"

Gandhi nach dem indischen Widerstandskämpfer Mahatma Gandhi

Ganesh / Ganesha ind. „Herr der Massen"; Name des hind. Gottes der Weisheit und des Glücks

Gangster engl. „Verbrecher"

Ganix bask. Form von **Johannes**

Ganymed griech. „Glück anstreben"

Gamma der dritte Buchstabe des griech. Alphabets

Garfield Name des verfressenen roten Katers in der Comicstripreihe „Garfield" von Jim Davis

Gargamel Name des bösen Zauberers in der Zeichentrickserie „Die Schlümpfe"

Gargoyle Gargoyles sind Wasserspeier in Form von dämonenhaft aussehenden Wesen

Garibaldi nach dem italienischen Militärkommandeur Giuseppe Garibaldi

Garlic engl. „Knoblauch"

Gaucho eine Bezeichnung für südamerikanische Cowboys

Gaudens / Gaudenz niederl./dt., von lat. gaudere, „jubeln, frohlocken"

Gauner ein passender Name für ein freches Tier

Gatsby nach einer Romanfigur in F. Scott Fitzgeralds Roman „Der Große Gatsby"

Gaylord urspr. von engl. gay, „heiter", heute eher spöttisch gemeint

Genius Ein Genius galt in der röm. Mythologie als der persönliche Schutzgeist eines Mannes.

Gentleman *engl. „Ehrenmann"*

Gepetto *Name des Holzschnitzers in Carlo Collodis Roman „Pinocchio"*

Ghost *engl. „Geist"*

Giacomo *ital. Variante von Jakob, hebr. „Gott schützt"*

Gigolo *unter einem Gigolo versteht man zumeist einen jungen Mann, der sich mit einer reichen älteren Frau einlässt*

Gimli *Name eines Zwerges in J. R. R. Tolkiens „Der Herr der Ringe"*

Gino *ital. Kurzform von Namen, die auf -gino enden*

Giotto *ital. Verkleinerungsform von Ambrogio, der ital. Form von Ambrosius*

Gipsy *engl. „Zigeuner", urspr. von egyptian, „Ägypter" hergeleitet*

Gizmo / Gismo *engl. „Dingsbums"; Name eines Gremlins in den gleichnamigen Filmen*

Glubschi *Name eines glubschäugigen Meerschweinchens in der Komödie „Bedtime Stories"*

Glumanda *Name eines Pokémon*

Glurak *Name eines Pokémon*

Goblin *engl. Bezeichnung für kleine, meist bösartige Plagegeister oder Gespenster*

Godot *frz. Kurzform von godillot, „Schuh"*

Goethe *nach dem deutschen Dichter Johann Wolfgang von Goethe*

Goldie *ein beliebter Tiername, v. a. für Goldfische und Goldhamster*

Goliath *Name eines biblischen Riesen*

Gollum *Name einer Romanfigur in J. R. R. Tolkiens „Der Herr der Ringe"*

Golo *dt. Kurzform von Namen, die mit Gott- beginnen*

Gomez *port., eigtl. Schreibweise Gomes; von germ. guma, „Mann"; Name einer Figur aus der Fernsehserie „Addams Family"*

Gonzales *bekannt durch die Zeichentrickfigur Speedy Gonzales, einer kleinen flinken Maus*

Gonzo *span. Name germ. Herkunft, Bedeutung unklar*

Goofy *engl. „doof, linkisch"*

Götz *Kurzform von Namen, die mit Gott- beginnen*

Goya *nach dem span. Maler Francisco de Goya*

Gratian / Grazian *von lat. gratus „Gnade"*

Grappa *nach dem italienischen alkoholischen Getränk*

Greif *Greif, Fang und Wolf sind die drei Hunde des Bauern Maggot* in J. R. R. Tolkiens „Der Herr der Ringe"

Gremlin kleines koboldartiges Fabelwesen; bekannt durch die Gremlins-Filme

Griffin latinisierte Form von Griffith, von walis. Gruffudd, „Starker Prinz"

Grischa / Grisha russ. Kurzform von Gregor

Grisu nach dem kleinen Drachen aus der Zeichentrickserie „Grisu, der kleine Drache"

Grizzly nach der nordamerikanischen großen Bärenart

Grover nach einem engl. Nachnamen, „Wäldchen"

Grumpy engl. „griesgrämig"; nach der bekannten Grumpy Cat

Gucci nach der italienischen Modemarke

Guido Kurzform von germ. Namen, die mit Wit- beginnen

Guinness nach der irischen Biermarke

Gulliver von altfrz. goulafre, „Vielfraß"; Name des Hauptprotagonisten in Jonathan Swifts Satire „Gullivers Reisen"

Gunter germ. „Krieger"

Gustav skand./dt., von altnord. „Stab der Goten"

H

Habakuk hebr. „Der Umarmende"

Hades griech. „Der Ungesehene"; der Gott der Unterwelt in der griech. Mythologie

Haiku nach einer japanischen kurzen Gedichtform

Hakim arab. „Der Weise"

Haku Name einer Figur in der Animeserie „Naruto"

Haldir Name einer Romanfigur in Tolkiens „Der Herr der Ringe"

Halim arab. „geduldig, mild"

Hamlet dän., Bedeutung unklar. Titelgebende Hauptfigur in William Shakespeares Theaterstück

Hannes dt./schwed./niederl. Kurzform von Johannes, hebr. „Gott ist groß"

Hannibal phöniz. „Gnade Baals"

Hanno nordd. Kurzform von Johannes

Hans dt./skand./niederl. Kurzform von Johannes

Händel nach dem Komponisten Georg Friedrich Händel

Hänsel Koseform von Hans, Märchenfigur aus einem Märchen der Brüder Grimm

Happy engl. „Glücklich"

Harlekin ein Spaßmacher in einem bunten Kostüm

Harley nach einem engl. Nachnamen, „Hasenlichtung"

Harlow nach einem engl. Nachnamen, „Felsiger Hügel"

Harras ein klassischer Hundename; Name eines mutigen Ritters aus der sog. Harrassage

Hashim arab. „Zerbrecher (des Brotes)"

Hasso ein klassischer Hundename; ahd. „Der Hesse"

Hati ein Wolf in der nord. Mythologie, Sohn des Fenrir und Zwillingsbruder von Skalli

Haven engl. „Hafen"

Hawk engl. „Falke"

Heino skand. Form von Heimo, germ. „Heim"

Hektor / Hector lat./griech., von griech. hektor, „festhalten"

Hemingway nach dem amerik. Schriftsteller Ernest Hemingway

Hendrix nach dem amerik. Musiker Jimi Hendrix

Henry engl. Form von Heinrich, „der Reiche"

Herkules röm. Name des griech. Halbgottes Herakles

Hermes Name des Götterboten aus der griech. Mythologie

Herr eine höfliche Anrede, z. B. „Herr Katz", „Herr Lehmann" oder „Herr Schwarz"

Herold niederl. Form von Herwald, ahd. „Anführer der Armee"

Hiro jap. „wohlhabend"

Hisham arab. „Der Großzügige"

Hobbit Hobbits oder Halblinge sind fiktive, 60 bis 120 cm große menschenähnliche Wesen in der von J. R. R. Tolkien geschaffenen Fantasiewelt Mittelerde

Hollis nach einem engl. Nachnamen, von mittelengl. holis, „Stechpalmenbäume"

Holmes nach Sherlock Holmes, dem von Arthur Conan Doyle geschaffenen Detektiv

Homer griech. „Pfand, Bürgschaft", Name eines griech. Poeten

Honey engl. „Honig", oft in der Bedeutung von „Schatz, Liebling" verwendet

Hopkin mittelalterl. Verkleinerungsform von Hob, einer alten Kurzform von Robert

Hoppel klassischer Hasenname

Horand ahd. „hoher Rand"; Name e. Minnesängers im Kudrunlied

Horaz dt. Form des röm. Familiennamens Horatius; Name eines berühmten röm. Schriftstellers

Horus Name des ägypt. Gottes des Lichts, wurde oft als Mann mit Falkenkopf dargestellt

Hoshi jap. „Stern"

Houdini nach dem amerik. Entfesselungskünstler Harry Houdini

Hubi Koseform von Hubert

Hubert ahd. „Glänzender Verstand"; der Hl. Hubert ist der Schutzpatron der Jagd und des Wildes

Hugo germ. „Herz, Seele"

Hummel

Hunter engl. „Jäger"

Husar eine ungar. Bezeichnung für berittene Soldaten

I

Idefix *Name einer französischen Comicfigur; der kleine Hund von Obelix*

Ibero *„Der Iberer", Bezeichnung für einen Bewohner der iberischen Halbinsel (Spanien, Portugal)*

Iggy *nach dem amerik. Musiker Iggy Pop*

Igor *„Krieger des Herrn"; russ. Form von Ingvar, hergel. von altnord. Yngvi, der Name eines Gottes, und arr, „Krieger"*

Ihab *arab. „Geschenk"*

Ikarus *tragische Gestalt aus der griech. Mythologie. Ikarus stürzte ins Meer, weil er aus Übermut zu hoch flog, worauf die Sonne das Wachs schmolz, mit dem seine Flügel befestigt waren.*

Imani *arab./suah. „Glaube"*

Indiana *nach einem Bundesstaat der USA*

Indigo *nach dem violett-blauen Farbton*

Indio *span. Bezeichnung für einen Indianer*

Indra *Name des ind. Regengottes*

Inu *jap. „Hund"*

Inuit *ein anderes Wort für Eskimo*

Isegrim *Der Wolf Îsengrîn, aus mhd. îsen „Eisen" und grînen „knurren" ist ein Fabelwesen aus dem Epos Reineke Fuchs.*

Isidor *russ. Form des griech. Namens Isidoros, „Geschenk von Isis"*

Itai / Itay / Ithai *hebr. „Mit mir"*

Izmir *Name einer Stadt in der Türkei*

J

Jabari suah. „Der Tapfere"
Jabin hebr. „Der Aufmerksame"
Jack engl. Form von Jakob
Jackie / Jacky Koseform von Jack
Jackpot von amerikan. Jack, „Bube" und pot, „Topf"; der Begriff stammt aus dem Kartenspiel Poker und bedeutet in etwa „Hauptgewinn, Volltreffer"
Jackson engl. Nachname, wörtlich „Sohn von Jack"
Jago / Iago walis. Form von Jakob
Jakob / Jacob dt./engl. Form von hebr. Ya'aqov, „Gott schützt"
Jalil arab. „Der Erhabene"
Jamal arab. „Schönheit"
Jambo suah.; afrik. Gruß, Bedeutung etwa „Hallo, wie geht's?"
James engl. Variante von Jakob
Jamie / Jaimie geschlechtsneutraler Name, Kurzform von James
Jamin hebr. „Rechte Hand"
Janek poln./tschech. „Der kleine Jan"
Janko serbokroat./slowen. Verkleinerungsform von Jan
Janosch dt. Schreibweise des ung. Namens János (Johannes), „dem von Gott Begünstigten"
Jarik poln. Kurzform von Jarosław, slaw. „wild und glorreich"
Jascha russ./slowen. Kurzform des Namens Yakuv, Jakob
Jazz / Jazzy nach einer Musikrichtung
Jekyll nach einer Romanfigur in Robert Louis Stevensons Novelle „Dr. Jekyll und Mr. Hyde"
Jerry engl. Kurzform von Jeremy, Jerome, Gerald und ähnlich beginnenden Namen
Jesse engl. Form von hebr. Yishay, „Geschenk"
Jimbo Koseform von James
Jimmy Koseform von James
Johann Variante von Johannes
Johnny Koseform von John, der engl. Form von Johannes, „dem von

Gott Begünstigten"

Jo-Jo / Joe-Joe nach dem Spielgerät; Koseform von Joseph

Joker engl. „Spaßvogel"; Name einer Spielkarte

Joko plattdt. Kurzform von Namen, die mit Jo- beginnen

Jordi katalan. Form von Georg

Joscha / Josha / Joschka dt. Varianten des ung. Namens Jóska, einer Kurzform von Joseph

Josef / Joseph hebr. „Er wird hinzufügen"

Joschi Verkleinerungsform von Aljoscha, Janosch und Namen, die mit Jo- beginnen

Josselin frz. Form des germ. Namens Gautselin, es bedeutet in etwa „Kleiner Gote"

Joshi suah. „Galoppierend"

Juli nach dem Monatsnamen; von Julius Cäsar

Julius nach einem röm. Familiennamen, der entweder von griech. ioulos, „flaumbärtig" oder vom Namen Jupiter hergeleitet wurde

Junior lat. „Der Jüngere"

Junis schwed./dt. Name, Bedeutung unklar; evtl. eine Variante von Jonis oder Jonas

Jupiter Name des höchsten röm. Gottes, der Name bedeutet „Gottvater"

Justus lat. „Der Gerechte"

K

Kabir arab. „Starker Anführer"
Kafka nach dem Schriftsteller Franz Kafka
Kairo nach der ägyptischen Hauptstadt
Kaiser nach dem Herrschaftstitel
Kaito jap. „Geheimnisvoller Dieb"; Name des Meisterdiebes Kaito
    Kid in dem jap. Manga-Comic „Magic Kaito"
Kalle schwed./finn. Kurzform von Karl
Kappa jap. „Flusskind", Name eines jap. Fabelwesens
Karat Maßeinheit zur Feingehalts- und Gewichtsbestimmung von
    Gold und Edelsteinen
Karim arab. „Der Großzügige"
Karl germ. „Mann"
Karlchen Verkleinerungsform von Karl
Karlsson schwed. Familienname, „Sohn des Karl"
Kasimir / Casimir poln. „Zerstörer des Friedens"
Kaspar / Kasper pers. „Schatzmeister"
Kasparow nach dem ehem. Schachweltmeister Garri Kasparow
Kater Carlo nach der Disney-Comicfigur
Kato Variante von Cato, lat. „Scharfsinnig, gewitzt"; nach einem
    röm. Schreiber
Kavalier Als einen solchen bezeichnet man eine besonders höfliche
    und taktvolle Person.
Keanu / Kiano hawaii. „Kühle Brise"
Keita jap. „Großes Fest"
Keks nach dem Gebäck
Kenai indian./dena'ina „Flachland"; Name eines in einen Bären ver-
    wandelten Indianers im Disneyfilm „Die Bärenbrüder"
Kenan hebr. „Besitz"
Kendji vermutl. Variante des jap. Namens Kenji, Bedeutung unklar
Kenny Koseform von Kenneth
Kermit nach dem Frosch in der Kindersendung „Die Sesamstraße"
Khalil arab. „Freund"

Khan urdu/pashto, „Herrscher"

Killer engl. „Mörder"

Kimani afrik. „Abenteurer"

Kimba nach der Serienfigur „Kimba, der weiße Löwe"

Kimo hawaii. Form von Jakob

King engl. „König"

Kio chin. „Glücksstern"

Kioni georg. Kurzform von Okeanos, in der griech. Mythologie der Name eines Titanen, der den die Erde umrundenden Fluss verkörperte

Kiro mazed. Kurzform von Kirill, von kyrios, „Herr"

Kiron irische Variante von Ciarán, von gäl. ciár, „schwarz"

Kitai russ. alternativer Name für China; Name einer Hauptfigur im Film „After Earth"

Klecks passender Name für ein geflecktes Tier

Klopfer klassischer Hasenname; Name des Kaninchens im Film „Bambi" von Walt Disney

Knödel nach dem runden Teigkloß

Knopf nach dem Knopf zum Annähen („Knopfauge"), oder einfach als Kosewort für ein kleines Tier

Kobold ein (Haus-)Geist, der den Menschen lustige oder boshafte Streiche spielt

Kofi afrik./ghan. „Der am Freitag Geborene"; Name einer Taube im Konsolenspiel „Animal Crossing"

Kojak nach der Hauptfigur in der gleichnamigen US-amerik. Krimi-serie

Koko „Schokolade, Kakaobohne"; Variante von Coco

Kolja / Kolya russ. Verkleinerungsform von Nikolai

Komet Ein Komet oder Schweifstern ist ein kleiner Himmelskörper.

Konrad von germ kuoni, „tapfer" und rad „Rat"

Körnchen wie „Krümel" ein freundlicher Name für ein kleines Tier

Kosmo von griech. kosmos, „Ordnung"

Krabat sorb. „Kroate"; Name der titelgebenden Romanfigur in Otfried Preußlers „Krabat"

Krischan niederdt. Form von Christian

Krishna ind. „dunkel, schwarz"; Name eines hind. Gottes

Kriton Name eines Freund und Schülers des antiken Philosophen Sokrates

Krümel ein beliebter Tiername, meist für kleine Tiere
Kuma jap. „Bär"
Kuno germ. „Clan, Familie"
Kuro jap. „Schwarz"

L

Lacoste *nach der frz. Modemarke*

Lauser *beliebter Hundename, bedeutet „Frechdachs"*

Lasse *skand./finn. Kurzform von Laurentius, vermutl. von laurus, „Lorbeer" abgeleitet*

Legolas *sindarin „Grüne Blätter"; Name einer Romanfigur in Tolkiens „Der Herr der Ringe"*

Lennis *engl., evtl. eine moderne Kombination aus den Namen Leonard und Dennis*

Lennon *nach einem schott. Nachnamen, „Nachfahren des Leannán (des Geliebten)"*

Lennox *nach einem schott. Nachnamen*

Leo *lat. „Löwe"*

Leon *griech. „Löwe"*

Leonardo *nach dem ital. Universalgelehrten Leonardo da Vinci*

Leonidas *von griech. leon, „Löwe"*

Leopold *Variante des germ. Namens Luitpold, Bedeutung in etwa „Volkes Mut"; später wurde der Anfang des Namens durch das lat. leo, „Löwe" ersetzt*

Lestat *Name einer Romanfigur in Anne Rices „Vampirchroniken"*

Levian *nordd. Erweiterung von Levin, von angelsächs. Leofwine „lieber Freund"*

Libor *tschech. Form des röm. Namens Liberius, von lat. liber, „frei"*

Lillebror *schwed. „Kleiner Bruder"; Name einer Romanfigur in Astrid Lindgrens „Karlsson auf dem Dach"*

Linus *dt./skand. Form des griech. Namens Linos, „Flachs"*

Lirian / Lyrian *alban. „Freiheit"*

Liridon *alban. „Der Freiheitswille"*

Littlefoot *engl. „Kleinfuß"; Name eines Dinosauriers im Zeichentrickfilm „In einem Land vor unserer Zeit"*

Loco *span. „verrückt"*

Logan *nach einem schott./engl. Nachnamen*

Loki *ein Gott der nord. Mythologie, ähnlich dem Teufel der Bibel als*

Verführer und Einflüsterer
Loomis *nach einem engl. Nachnamen*
Lord *engl. „Herr", ein engl. Adelstitel und Anredeform für Adelige*
Loup *frz., von lat. Lupus, „Wolf"*
Louie *engl. Koseform von Louis*
Louis *frz. Form von Ludwig*
Lovo *venezian. „Wolf"*
Lucan *nach dem röm. Beinamen Lucanus, „aus Lucca"*
Lucian / Lukian *röm. Familienname, von Lucius hergeleitet*
Lucky *engl. „glücklich"*
Ludo *niederl. Kurzform von Ludovicus oder Ludolf*
Ludwig *ahd. „Der ruhmreiche Kämpfer"*
Luigi *ital. Form von Ludwig*
Lump / Lumpi *klassischer Hundename*
Lupin *von lat. lupus „Wolf"; Nachname des fiktiven Meister-*
   detektivs Arsène Lupin in den Romanen von Maurice Leblanc
Lupo / Lupus *lat. „Wolf"*
Luther *nach dem deutschen Reformator Martin Luther*
Luzifer *lat. „Lichtträger"; anderer Name des Morgensterns (Venus).*
   Heute wird der Begriff Luzifer gleichbedeutend mit einem
   Namen des Teufels gebraucht.
Lysander *griech. „freier Mann"*

Macbeth nach dem König in William Shakespeares Tragödie „MacBeth"

Macho span. „Männlicher Kerl, standhafter Mann"

Madai hebr., nach dem Namen eines alten iranischen Volkes

Maddox nach einem walis. Familiennamen, „Sohn des Maddoc"

Maestro ital. „Meister"

Magic engl. „Magie, zauberhaft"

Magnus lat. „Der Große"

Maier / Meier ein Meier meinte urspr. einen Verwalter, heute ein sehr häufiger Nachname

Mailo / Meilo von mahilo, „Zweitgeborener"

Majestix Name des Häuptlings in der frz. Comicserie „Asterix und Obelix"

Makani hawaii. „Wind"

Malefiz lat. „Frevel, böse Tat"

Malook / Malouk / Maluk afghan. „Liebenswert"

Malte dän./schwed./dt. Kurzform von Helmold, germ helm, „Helm" und wald, „Gesetz"

Mambo nach der kubanischen Musikart

Manfred ahd. „Friedlicher Beschützer"

Manne / Manni Koseformen von Manfred

Mannix gäl. „Kleiner Mönch"

Marat nach dem frz. Revolutionär Jean-Paul Marat

Marek poln. Form von Mark, nach dem Kriegsgott Mars

Marino / Marinus lat. „der aus dem Meer stammende"

Marius röm. Familienname, entweder von Namen des Kriegsgottes Mars oder von lat. maris, „männlich" abgeleitet

Marley nach einem engl. Nachnamen, „der aus dem Wald kam"

Marquis ein frz. Adelstitel

Mars Name des röm. Kriegsgottes

Marshmallow engl. „Sumpf-Malve", nach den Wurzeln des Eibischbaums, aus denen diese Süßigkeit urspr. hergestellt wurde

Martini nach dem klassischen Cocktail

Maunz klassischer Katzenname, Charakter aus Heinrich Hoffmanns Buch „Der Struwwelpeter"

Mauro lat. „Der Maure, der Afrikaner"

Max / Maxi Kurzformen von Maximilian, von lat. maximus, „Der Größte"

Maximus lat. „Der Größte"

Mecki nach einem Igel-Maskottchen der Zeitschrift Hörzu

Mega griech. „Groß"

Mephisto Kurzform von Mephistopheles, einer Teufelsfigur in Goethes „Faust"

Merkur Name eines Planeten; lat. Name für Hermes, des griech. Gottes der Händler und Diebe

Merlin engl. Form des walis. Namens Myrddin, „Meeresfeste"

Merlot von frz. merle, „Amsel", Name einer Rotweinsorte

Micky / Mickey engl. Koseform von Michael

Midas griech., Name eines phryg. Königs, durch dessen Berührung sich alle Gegenstände in Gold verwandelten

Mika finn. Form von Michael, von hebr. Micaiah, „Wer ist Gott gleich?"

Mikesch klassischer Katername; nach dem Kinderbuch „Kater Mikesch" von Josef Lada

Milan slaw. „Der Gütige, Liebe"

Milo germ., von slaw. milu, „lieb, wertvoll"

Milon griech. „Eibe"

Milosh / Milosch mittelalterl. slaw. Form von Milos, von slaw. milu, „wertvoll"

Milou originaler Name des Hundes Struppi in der belg. Comicserie Tim und Struppi

Milton nach einem engl. Nachnamen, „Mühlstadt"

Minas von griech. mini, „Mond"

Ming Tzu Name eines chinesischen Herrschers in der Fernsehserie „Xena – Die Kriegerprinzessin"

Mio nach der titelgebenden Romanfigur in Astrid Lindgrens „Mio, mein Mio"

Miraculix Name einer französischen Comicfigur; ein gallischer Druide

Miro slowen./kroat. Kurzform von Miroslav

Miron rum./russ./bulg. Form des griech. Namens Myron, „Duft"

Misha / Mischa / Mischka russ. Verkleinerungsformen von Mikhail

Mithra indo-iranisch „Freund, Allianz", Name des Gottes des Lichts und der Freundschaft in der persischen Mythologie

Moby nach der Romanfigur Moby Dick (ein Wal) im gleichnamigen Buch von Herman Melville

Mochi nach einer japanischen Süßigkeit – Reismehlbällchen mit süßer Füllung

Mogli / Mowgli Romanfigur in Rudyard Kiplings „Dschungelbuch"

Mohrle klassischer Name für schwarze Tiere, „Der kleine Mohr"

Momo Koseform von Namen, die mit Mo- beginnen

Mon Cherie frz. „Mein Liebling"; nach einer Pralinensorte

Mono griech. „einzeln, einzig"

Monty engl. Kurzform von Montgomery, „Der in den Bergen Jagende"

Moppel ein passender Name für ein rundliches Tier

Moritz dt. Form von röm. Mauritius, von lat. maurus, „Der Dunkelhäutige"

Morpheus Name des Gottes der Träume in der griech. Mythologie

Moses nach dem im Weidenkörbchen ausgesetzten Kind, das von der Tochter des ägypt. Pharao gefunden und aufgenommen wurde

Mozart nach dem österreichischen Komponisten Wolfgang Amadeus Mozart

Mucki beliebter Name für kleine Tiere

Mufasa Vater Simbas im Disney-Zeichentrickfilm „König der Löwen"

Muffin nach einer kleinen Kuchenart

Mulder nach dem männlichen Part des Ermittlerduos in der US-amerik. Mysteryserie „Akte X"

Mümmel klassischer Kaninchenname

Mumpitz ugs. „Unsinn"

Murmel ein beliebter Name für Nagetiere

Muppet nach der amerik. Puppen- und Comedyserie „Die Muppet Show", von engl. puppet, „Handpuppe"

Murphy nach einem irischen Nachnamen

Murr nach E.T.A. Hoffmanns Roman „Lebens-Ansichten des Katers Murr"

Mystic / Mystique engl./frz. „Der Geheimnisvolle"

N

Nabucco *Name einer Oper von Giuseppe Verdi*
Nacho *Bezeichnung für einen mit Käse überbackenen Tortilla-Chip*
Nalu *hawaii. „Welle"*
Nando *span. Koseform von Fernando, „Der mutige Beschützer"*
Namir *arab. „Kleiner Tiger"*
Nando *span. Kurzform von Hernando, einer mittelalterl. span.
Form von Ferdinand*
Nanuk / Nanook *inuit „Eisbär"*
Napoleon *nach dem frz. Kaiser Napoleon Bonaparte*
Naran *mongol. „Sonne"*
Nathan *hebr. „Er gab"*
Navajo *Name eines amerik. Indianervolkes*
Navid *pers. „Gute Nachricht"*
Neelix *Name einer Figur in der Science-Fiction-Serie „Star Trek:
Raumschiff Voyager"*
Neko *jap. „Katze"*
Nelson *nach einem engl. Nachnamen, „Sohn von Neil"*
Nemo *lat. „Niemand"; Name einer Romanfigur in Jules Vernes
„20000 Meilen unter dem Meer"*
Neo *griech. „neu"*
Nepomuk / Nepomuck *nach dem Namen eines mittelalter. Heiligen*
Neptun *nach dem röm. Meeresgott, lat. Name von Poseidon*
Nero *ital. „schwarz"; Name mehrerer römischer Kaiser*
Nestor *griech. „heimkehren"; Name eines weisen Königs in Homers
„Ilias"*
Newton *nach dem engl. Naturforscher Isaac Newton*
Nicodemus / Nikodemus *griech. „Sieg des Volkes"*
Nicolai / Nikolai *skand./russ. Formen von Nikolaos, griech. „Sieg
des Volkes"*
Nikita *russ., von griech. niketes, „Gewinner, Sieger"*
Nikolaus *griech. „Sieg des Volkes"*
Nilsson *nach dem kleinen Äffchen in Astrid Lindgrens „Pippi*

Langstrumpf"-Romanen

Nimrod Name eines mythischen Helden und Königs

Ninja ein besonders ausgebildeter Kämpfer im alten Japan, der als Kundschafter, Saboteur oder Meuchelmörder eingesetzt wurde

Nino span. „Junge"

Nirvana / Nirwana Name einer bekannten Grunge-Band; im Buddhismus bezeichnet Nirwana den Bewusstseinszustand nach dem Tode

Nougat nach der süßen Nuss-Kakaomasse, von lat. nux „Nuss"

Nugget engl. „Klumpen", z. B. Aus Gold, Goldnugget

O

Obelix gall. Name einer französischen Comicfigur; Freund von Asterix

Oberon Name des Elfenkönigs in William Shakespeares „Sommernachtstraum"

Obi-Wan nach einer Figur in George Lucas' Star Wars-Saga

Obsidian Name eines schwarzglänzenden vulkanischen Gesteinsglases

Odie Name des Hundes in der Comicstripreihe „Garfield" von Jim Davis

Odilo germ., von odal, „Vaterland" bzw. aud, „Reichtum" hergeleitet

Odin Name des höchsten Gottes in der nord. Mythologie; andere Form von Wotan, von altgerm. Woðanaz

Odysseus Held aus der griech. Mythologie

Oggy nach der Trickfilmserie „Oggy und die Kakerlaken"

Oliver von lat. oliva „Olivenbaum"

Omar arab. „Der Langlebige"

Omega der letzte Buchstabe im griech. Alphabet

Onkel ein berühmter Namensträger ist das Pferd in der Pippi Langstrumpf-Verfilmung, „Kleiner Onkel"

Onyx Name eines schwarzen Halbedelsteins

Oreo nach einer amerik. Kekssorte

Orion Name eines Sternbildes; in der griech. Mythologie ein riesiger Jäger, der zusammen mit seinen beiden Jagdhunden unter die Sterne versetzt wurde

Orkan türk. Variante von Orhan, von or khan, „großer Anführer"

Orlando ital. Variante von Roland, ahd. „der Ruhm der Heimat"

Orpheus griech. „die Dunkelheit der Nacht", Name eines Dichters und Musikers, der in die Unterwelt hinabstieg, um seine verstorbene Frau zurückzuholen

Osiris ägypt. Gott der Wiedergeburt und des Jenseits

Oskar / Oscar dt./engl. vermutl. aus dem Gälischen, „Freund des Wildes"

Ossian engl. Variante von gäl. oisín, „Kleines Reh"

Othello Name der titelgebenden Figur in William Shakespeares Theaterstück „Othello"

Otto von germ. audo, „Wohlstand"

Ötzi Name der 1991 in den Ötztaler Alpen gefundenen Gletschermumie

Outlaw engl. „Vogelfreier, Ausgestoßener"

Ouzo Name eines griech. Anisschnapses

Ovid nach einem röm. Familiennamen, Bedeutung unklar

Ozzie / Ozzy engl. Kurzform von Namen, die mit Os- beginnen

P

Pablo *span. Form von Paul*

Paco *span. Kurzform von Francesco, „Der kleine Franzose"*

Paddington *nach der Kinderbuchfigur Paddington Bear von Michael Bond*

Paddy *engl. Koseform von Patrick, lat. „Der Adlige"*

Paladin *lat. „Zum Hof gehörig, treuer Gefolgsmann"*

Palle *dän. Kurzform von Paul*

Pamino *Name einer Figur in Mozarts Oper „Die Zauberflöte"*

Pamir *afghan., nach einem Gebirgszug*

Pan *griech. „Schäfer"; Name eines griech. Gottes, der als halb Mensch, halb Ziegenbock dargestellt wurde*

Pancho *span. Koseform von Francesco, „Der kleine Franzose"*

Panda *nach der asiatischen Bärenart*

Panju *ind. „Weich, sanft"*

Papillon *frz. „Schmetterling"*

Paris *Name des trojan. Prinzen, der die schöne Helena entführte und damit den Trojanischen Krieg auslöste*

Parzival *Name eines Ritters der Tafelrunde*

Pasha / Pascha *russ. Kurzform von Pavel; oriental. Titel des ranghöchsten Offiziers*

Paul *Kurzform von Paulus, lat. „Der Kleine"*

Pavarotti *nach dem Opernsänger Luciano Pavarotti*

Pavel *slaw. Variante von Paul*

Pax *lat. „Frieden"*

Peach *engl. „Pfirsich"*

Peanut *engl. „Erdnuss"*

Pedro *span. Form von Peter*

Pekka *finn. Form von Peter*

Pelle *schwed. Verkleinerungsform von Peter*

Pendragon *Name des Vaters von König Artus*

Pepe / Pepito *Koseformen für José, span. Form von Joseph, hebr. „Er fügt hinzu"*

Pepi / Peppi *Koseformen von Pepper*
Pépin *fränk. Name, Bedeutung unklar*
Pepper *engl. Bezeichnung für Pfeffer, aber auch für Paprika*
Peppermint *engl. „Pfefferminze"*
Peppin *rätoroman. Form von Pippin*
Pepino *span. „Gurke"*
Peppe / Peppino *Koseformen von Giuseppe, ital. Form von Joseph, hebr. „Er fügt hinzu"*
Pepsi *nach dem Namen einer Limonadensorte*
Peter *von griech. petros, „Stein"*
Peterle *„Kleiner Peter", ein klassischer Tiername*
Phantom *griech. „Trugbild"*
Phileas *Bedeutung unklar. Name einer Romanfigur aus Jules Vernes „In dreißig Tagen um die Welt"*
Philidor *nach einem berühmten Schachspieler aus dem 18. Jh.*
Phoenix *nach dem Namen eines unsterblichen Vogels aus der griech. und ägypt. Mythologie*
Picasso *nach dem bekannten Maler Pablo Picasso*
Piccolo *span. „Kleiner"*
Pilgrim *engl. „Pilger"*
Pim *niederl. Kurzform von Willem*
Pinkas *Variante von Phineas*
Pinky *engl. „rosafarben", engl. Bezeichnung für den Kleinen Finger*
Pio *ital./port. Form von Pius, lat. „Der Fromme"*
Pippin *germ. Form von Pépin; Name einer Romanfigur in Tolkiens „Der Herr der Ringe"*
Pippo *ital. Koseform von Giuseppe und Filippo*
Pirat *„Seeräuber"*
Pirmin *Bedeutung unklar; Name eines Mönchs und Missionars aus dem 8. Jh.*
Plato / Platon *Name eines antiken Philosophen und Schülers von Sokrates*
Pluto *der röm. Gott der Unterwelt, sein griech. Name lautet Hades*
Pogo *nach einem Tanz der Punkszene*
Poldi *Koseform von Leopold*
Pollux *lat./griech. „Der Süße", Name eines Sternes im Sternbild Zwillinge, Zwillingsstern von Castor*
Popeye *engl. „Stielauge"; Name einer vor Kraft strotzenden, als*

Seemann dargestellten Comicfigur

Portos Romanfigur in Alexandre Dumas' „Die drei Musketiere"

Poseidon der Gott des Meeres der griech. Mythologe; sein lat. Name ist Neptun

Priamos / Priamus der letzte König von Troja in der griech. Mythologie

Primo ital. Form von Primus

Primus lat. „Der Erste"

Prinz von lat. princeps, „Der Erste"

Puck angelsächs./niederl.; Name eines schelmischen Naturgeistes aus der engl. Legende

Puma nach der amerik. Raubkatze

Pumpkin engl. „Kürbis"

Pumuckl nach der rothaarigen koboldartigen Romanfigur aus Ellis Kauts „Meister Eder und sein Pumuckl"

Pünktchen ein passender Name für ein getupftes Tier

Purzel vom Wort purzeln, „umherrollen", als Bezeichnung für einen kleinen Kerl

Puschkin nach dem russ. Dichter Alexander Puschkin

Putin nach dem russ. Präsidenten Wladimir Putin

Putzi Name eines Eichhörnchens in der DDR-Kinderserie „Märchenland"

Pyramus nach der antiken Sage von „Pyramus und Thisbe", eines babylonischen Liebespaars

Qadir arab. „Der Mächtige"

Quasimodo nach der Romanfigur des buckligen „Glöckner von Notre Dame" von Victor Hugo

Quax nach der Komödie „Quax der Bruchpilot"

Quick engl. „Flink, rasch"

Quintus lat. „Der Fünfte"

Raban ahd. „Rabe"

Racker ein Frechdachs, ein Schelm, meist ein „kleiner Racker"

Ragnar skand. Form von Rainer, von germ. ragin, „Rat" und hari, „Armee"

Raju / Raja, ind. „König, Herrscher"

Rakesh ind. „Herr des Vollmonds"

Rambo „Mutiger Rabe"; Kurzform von Rambold, aus ahd. hraban, „Rabe" und bold, „mutig"

Ramses „Von Gott geboren"; Name mehrerer ägyptischer Pharaonen

Rantanplan ein Hund aus der Comicreihe „Lucky Luke"

Rashid arab. „Der Rechtgeleitete"

Rasmus skand. Kurzform von Erasmus

Rasoul / Rasul arab. „Prophet"

Rasputin nach Grigori Rasputin, einem Wanderprediger und Berater des letzten russischen Zaren

Räuber ein passender Name für ein freches, lebhaftes Tier

Raven engl. Variante von germ hraban, „Der Rabe"

Ravi ind. „Sonne"

Rebel engl. „Rebell"

Rembrandt nach dem bekannten Barockmaler

Remo / Remus in der röm. Legende gründeten die Zwillingsbrüder Romulus und Remus die Stadt Rom

Rex lat. „König"

Ringo nach einem engl. Nachnamen, „Ringmacher"

River engl. „Fluss"

Robin engl. mittelalterl. Kurzform von Robert, von germ. Hrodebert, „großer Ruhm"

Robinson engl. „Sohn des Robin"; Name der titelgebenden Roman-figur in Daniel Defoes „Robinson Crusoe"

Rocco ital. Form von Rochus, von germ. hrok, „Rast" hergeleitet; St. Rochus ist der Schutzheilige der Kranken

Rochus niederl./dt., latinisierte Form von Rocco

Rocket engl. „Rakete"

Rocky Verkleinerungsform von Rocco

Rollo latinisiert von Roul, der altfrz. Form von Rolf

Romeo ital. Form des lat. Namens Romaeus, „der nach Rom pilgert"

Romulus in der röm. Legende gründeten die Zwillingsbrüder Romulus und Remus die Stadt Rom

Rowdy / Raudi engl. „Rabauke"

Rübe ein passender Name für ein Tier mit orangefarbenem Fell

Rudi Kurzform von Rudolf, germ. hrod, „Ruhm" und wulf, „Wolf"

Rufus lat. „Der Rothaarige"

Rusty engl. „Rostig, rotbraun"

S

Sabri arab. „Geduld"

Saladin arab. „Rechtschaffenheit des Glaubens"

Salai nach einem Schüler Leonardo da Vincis

Salem / Salim arab. „sicher"

Salomo niederl./dt. Form von Salomon

Salomon dt./skand. Form des hebr. Namens Shelomoh, von shalom, „Frieden"

Salvador / Salvatore span./ital. Formen des lat. Namens Salvator, „Erretter, Erlöser"

Sam / Sammy engl. Kurzformen von Samuel, hebr. „Der von Gott Erwünschte"

Samir arab. „Gefährte zur abendlichen Unterhaltung"

Samson Name einer bibl. Figur; Samson galt als unbesiegbar, bis das Geheimnis seiner Kraft von seiner Geliebten verraten wurde

Sancho span. „Der Heilige"

Santos span. „Die Heiligen"

Saphir Name eines blauen Edelsteins

Sascha slaw. Koseform von Alexander, griech. „Der Verteidiger, Beschützer"

Sasuke jap. „Helfer, Retter"

Schnuffel / Schnuppi beliebte Namen für Nagetiere

Schoko ein passender Name für ein Tier mit schokoladenbrauner Fellfärbung

Scooby Doo nach dem Hund aus der gleichnamigen Zeichentrickserie

Sebastian vom lat. Namen Sebastianus, „von Sebaste"

Secundus lat. „Der Zweite"

Sepp bayr. Kurzform von Joseph

Septimus lat. „Der Siebte"

Severin dt./skand. Form von Severinus, eines röm. Familiennamens

Shadow engl. „Schatten"

Shaggy engl. „struppig, zottelig"

Sherlock nach Sherlock Holmes, dem von Arthur Conan Doyle geschaffenen Detektiv

Shaun / Shawn engl. Form des gäl. Séan, dies wiederum ist die irische Form von John

Shinichi jap. „Der Wahre"

Shivan / Şivan kurd. „Schäfer"

Shogun jap. Ehrentitel für einen ranghohen Samurai

Shrek nach dem freundlichen Oger in der Animationsfilmreihe „Shrek"

Sial afgh./pashto „Wettkämpfer"

Sid nach dem Faultier aus den Animationsfilmen „Ice Age"

Silas engl./griech. Kurzform des röm. Namens Sylvanus, von lat. silva, „Wald"

Silver engl. „Silber"

Silvester / Sylvester „aus dem Wald"; nach einem röm. Namen; Name einer US-amerik. Zeichentrick-Katze, die den Kanarienvogel Tweety tyrannisiert

Simba ind. „Löwe"

Sindbad „Sindbad der Seefahrer" ist eine Erzählung aus Tausendundeiner Nacht.

Sir als Anrede, z. B. Sir Henry

Sirius von griech. seirios, „brennend"; Name eines hellen Sterns in der Konstellation Canis Major

Sixtus lat. „Der Sechste"

Skalli ein Wolf in der nord. Mythologie, Sohn des Fenrir und Zwillingsbruder von Hati

Smartie nach den bunten Schokodrops; von engl. smart, „klug, gewitzt"

Smiley engl. „Lächler"

Smokey engl. „Der Rauchige, rauchfarbene"

Snoopy Name des Hundes von Charlie Brown aus der Comicserie „Die Peanuts"

Snow engl. „Schnee"

Socke ein passender Name für Tiere mit dunklerem Fell und weißen Pfoten

Sokrates nach den antiken griech. Philosophen

Sol lat. „Sonne"

Sparky engl. „Der Funkelnde, Lebhafte"

Sparrow engl. „Spatz"

Speedy engl. „Der Schnelle"; nach der Zeichentrickfigur Speedy
Gonzales

Spike engl. „Stachel"

Spikey Koseform von Spike

Spirit engl. „Geist"

Spitz klassischer Hundename für kleine bis mittelgroße Hunde

Spock nach dem stoischen Vulkanier aus der Science-Fiction Reihe
„Star Trek"

Spyro griech. Kurzform von Spyridon, von griech. spyridion, „Korb",
oder lat. spiritus, „Geist"

Stitch nach dem kleinen außerirdischen Monster in dem US-amerikanischen Zeichentrickfilm „Lilo & Stitch"

Storm engl. „Sturm"

Stöpsel / Stupsi Kosenamen für kleine, niedliche Tiere

Strolch / Strolchi nach einem Hund in der Disneyverfilmung „Susi
und Strolch"

Struppi Name des Hundes im belgischen Comic „Tim und Struppi"

Sultan arab „Herrscher"

Sumo Bezeichnung für einen japanischen Ringkampf mit zumeist
schwergewichtigen Kämpfern

Sunny engl. „Der Sonnige"

T

Tabasco *nach einer scharfen Würzsauce*

Taco *span. „Füllung"; Name eines mexikanischen Schnellgerichts*

Taifun / Tayfun *türk. „Wirbelsturm"*

Takeshi *jap. „kämpferisch"*

Tamino *von griech. tamas, „Meister"; Name einer Figur in Mozarts Oper „Die Zauberflöte"*

Tamlin / Tamlyn *ein Name aus einer schott. Ballade, Tam Lin wurde von der Elfenkönigin entführt*

Tango *Name eines Gesellschaftstanzes aus Südamerika*

Taran *walis. „Donner"*

Tarek *arab. „Der Morgenstern"*

Tarkan *türk. „Der Wagemutige"; nach dem Namen eines chasarischen Königs*

Tarrasch *nach dem deutschen Schachgroßmeister Siegbert Tarrasch*

Tarzan *nach der titelgebenden Hauptfigur in Edgar Rice Burroughs Abenteuerromanen*

Tashi *tibet. „Glück"*

Tassilo / Thassilo *dt. Verkleinerungsform von Tasso*

Tasso *mittelalterlicher dt. Name unklarer Bedeutung*

Taubsi *nach einem taubenähnlichen Pokémon*

Taurus *lat. „Stier"; Name eines Sternbildes*

Teddy *engl. Koseform von Theodor, griech. „Gottesgeschenk"*

Tendai *südafrik./shona „Dankbarkeit"*

Tequila *nach dem alkoholischen Getränk*

Thaddai *aram. „Herz"; bzw. Form von Theodor*

Thaddeus *griech. Form von Thaddai*

Theo *Kurzform von Theodor, griech. „Gottesgeschenk"*

Theron *von griech. therao, „jagen"*

Theseus *Name eines Helden in der griech. Mythologie*

Thor *Name des altnord. Donnergottes*

Thore / Tore *schwed./norweg./dän. Form von altnord. Thorir, „Thors Krieger"*

Thorin entlehnt von Thor, Name einer Romanfigur in Tolkiens „Der Herr der Ringe"

Thulani südafrik./zulu „getröstet sein"

Thunder engl. „Donner"

Tiberius röm. Beinamen, lat. „vom Tiber"

Tibor ung./tschechoslowak., abgel. vom röm. Beinamen Tiburcus, „aus Tibur", aus Tivoli

Tiger ein passender Name für Katzen mit getigertem Fell

Tigger Name eines Tigers in dem Kinderbuch „Pu der Bär" von Alan Alexander Milne

Tigran armen. Name von mehreren Königen

Tilon bibl. Name aramäischer Herkunft, Bedeutung unklar

Timber nach der großen nordamerikanischen Wolfsart Timberwolf

Timmy Koseform von Timotheus, ahd. „ehren, schätzen"

Timon bibl. Name, von griech. timaeo, „ehren"

Tinker engl. „Bastler, Kesselmacher"

Tino ital. Kurzform von Namen, die auf -tino enden

Tirian Name einer Romanfigur in C. S. Lewis' „Chroniken von Narnia", Variante von Tyrian

Titan Bezeichnung von Riesen in der griech. Mythologie

Tito ital. Form von Titus

Titus röm. Vorname, Bed. unklar, evtl. von lat. titulus, „Ruhm"

Titian / Tizian Kurzform des röm. Beinamens Titianus, von Titus hergeleitet

Tobi Kurzform von Tobias, hebr. „Gott ist gütig"

Toffee engl. Bezeichnung für ein Karamellbonbon

Tolga türk. „Helm"

Tolstoi nach dem russ. Schriftsteller Leo N. Tolstoi

Tom / Tommy / Tommie engl. Kurzformen von Thomas, vom aram. Namen Ta'oma' „Zwilling"

Tomcat engl. „Kater"

Tomke niederl./fries. Koseform von Tamme, Thomas oder Dominik

Tomkin engl. „Kleiner Tom"

Toni / Tony dt./engl. Kurzformen von Anton

Tonio ital. Kurzform von Antonio

Topas nach dem Edelstein

Torin irisch „Oberhaupt"

Tornado Bezeichnung für einen Wirbelsturm, von lat. tornare,

„drehen"

Toshi jap. „Der Kluge"

Toshio jap., Bedeutung unklar

Toto lat. „Der Retter"

Toulouse Name einer Stadt in Südfrankreich; Name eines Malers, Henri de Toulouse-Lautrec

Tristan altfrz. Form des pikt. Namens Drustan, kelt. „Aufstand" und angelehnt an lat. tristis, „traurig"

Troll Bezeichnung für ein Ungeheuer aus der nordischen Mythologie

Tucker nach einem engl. Nachnamen, „einer, der Kleider plättet"

Tulani / Thulani südafrik./zulu „getröstet sein"

Turbo „Der Geschwinde", von lat. turbare, „drehen"

Turin Name einer Romanfigur in J. R. R. Tolkiens „Silmarillion"

Twister engl. „Tornado"

Tyler nach einem engl. Nachnamen, „Dachdecker"

Tyrell nach einem engl. Nachnamen

Tyrian / Tyrion abgel. von lat. Tyrianus, „aus Tyros", einer Stadt im heutigen Libanon

Tyrone / Tyron Name einer irischen Grafschaft

Tyson nach einem engl. Nachnamen; nach dem US-amerik. Boxer Mike Tyson

U

Ultimo *lat. „Der Letzte"*
Unai *bask. „Kuhhirte"*
Uranus *griech. „Die Himmel"; nach dem Planeten*
Urban *lat. „Stadtbewohner"*
Uriel *hebr. „Gott ist mein Licht"*
Urmel *Name eines Drachen in der Kinderbuchreihe „Urmel aus dem Eis" von Max Kruse*
Urs *dt. Form des lat. Namens Ursus, „Bär"*
Ursinus *lat. „Kleiner Bär"*

V

Vadim *russ. Kurzform von Vadimir, Bedeutung unklar*
Vagabund *ein anderes Wort für einen Herumtreiber*
Vanja *slaw. Koseform von Ivan, von hebr. Yochanan, „Gott ist barmherzig"*
Varun / Varuna *ind. „umringt"; Name einer hinduist. Gottheit des Wassers und des himmlischen Ozeans*
Vasco *bask. „Krähe"*
Veit *dt. Form von Vitus*
Verdi *nach dem Komponisten Giuseppe Verdi*
Vergil *nach einem röm. Familiennamen; Name eines berühmten röm. Schriftstellers*
Verus *lat. „Der Wahre"*
Victor / Viktor *lat. „Der Sieger"*
Vidal *span. Form des spätlat. Namens Vitalis, „Der Vitale"*
Vincent *lat. „Der Siegende"*
Vinnie *Koseform von Vincent*
Vitali *von lat. vitalis, „Lebenskraft"*
Vitas *russ./lett. Variante von Vitus*
Vitek *tschech. Form des Namens Witiko, got. widu-gauja, „Baum-Anbeller", eine Allegorie des Wolfs*
Vito *ital./span. Form von Vitus*
Vitus *röm. Name, von lat. vita, „Leben"*
Vivaldi *nach dem Komponisten Antonio Vivaldi*
Vlad *alte Kurzform von slaw. Namen wie z. B. Vladimir, von vladeti, „Gesetz, Regel"*
Voltaire *nach dem frz. Philosophen*
Vulkan *von Vulcanus, dem röm. Gott des Feuers*

Wagner nach dem deutschen Komponisten Richard Wagner

Waldemar slaw. „Der Mächtige"

Waldi Koseform von Waldemar, klassischer Hundename

Wanja skand./dt. Variante des russ. Namens Vanya, einer Verkleinerungsform von Ivan

Wastl Koseform von Sebastian, griech. „Der Erhabene"; klassischer
Hundename v. a. In Süddeutschland; Name eines Hundes in
Otfried Preußlers „Räuber Hotzenplotz"-Romanen

Watson Name einer Romanfigur von Arthur Conan Doyle; Dr.
Watson ist der treue Freund des Detektivs Sherlock Holmes

Watzmann Name eines Gebirges in den Berchtesgadener Alpen

Wendelin Name eines trierischen Eremiten; von germ. Wandal,
„Wandale"

Wenzel Kurzform von Wendelin

Whisky Name eines alkoholischen Getränks

Wichtel ein kleines Phantasiegeschöpf, das vor allem in nordischen
Sagen Gutes tut

Wikus afrikaans, Kurzform von Lodewikus, von german. hlud,
„berühmt" und wig, „Kampf"

Willi Kurzform des Namens Wilhelm, der aus den germ. Elementen
willa, „Wille" und helm, „Helm, Schutz" besteht

Wilson nach einem engl. Nachnamen, „Sohn von William"

Winnetou ein Apachenhäuptling in den Wildwest-Romanen Karl
Mays

Winston altengl. „Stadt des Freundes", von wini, „Freund" und ton,
„Stadt"

Wolle / Wuschel passende Namen für Tiere mit längeren oder
gelocktem Fell

Wolf Greif, Fang und Wolf sind die drei Hunde des Bauern Maggot
in J. R. R. Tolkiens „Der Herr der Ringe"

Wombat Bezeichnung für eine Art sehr niedlich aussehende austra-
lische Beutelsäuger

Wotan *Name des höchsten Gottes in der nord. Mythologie; andere Form von Odin*

Wurzel *ein witziger Name – besonders passend für einen Hund, der seine Nase immer am Boden hat*

X-Man nach der Superhelden-Comicreihe „X-Men"; das „X" steht für die Extra-Fähigkeiten der verschiedenen Charaktere

Xanadu Name der chin. Stadt Shangdu; Titel eines 1980 erschienenen Films mit Olivia Newton-John

Xanti bask. Form von Santiago, Sankt Jakob

Xenon griech. „Fremder"

Xerxes nach dem pers. Namen Khshayarsha, „Anführer der Helden"

Yael hebr. „Bergziege“
Yago span. Variante von Jakob
Yakari Name eines kleinen Indianerjungen, der Hauptfigur in der gleichnamigen frz. Comicreihe
Yang steht in der chin. Philosophie für das Männliche, Aktive, die Farbe ist Weiß
Yannick Koseform von Jan, verkürzt von Johannes
Yannis griech. Form von Johannes, hebr. „Der von Gott Begünstigte“
Yaron hebr. „Der vor Freude Singende“
Yasha russ. Kurzform von Yakov, der russ. Form von Jakob
Yeti Name eines mythischen menschenähnlichen Wesens, das im Himalaya leben soll
Yogi Bezeichnung für einen Mann, der Yoga praktiziert
Yoshi jap. „Der Glückliche“
Yoyo nach dem Spielgerät, auch Jo-Jo geschrieben
Yudai jap. „tapferer großer Junge“
Yuki jap. Je nach Schreibart „Glück“ oder „Schnee“
Yukon nach einem Gebiet und Fluss im nördlichen Kanada
Yuri slaw. Form von Georg, „Der Bauer“

Z

Zampano *ugs. „Prahlhans, Angeber"*
Zamperl *bayr. „Kleiner Hund"*
Zanobi *ital. Form von Zenobius; Name e. florentinischen Bischofs*
Zappa *nach dem Rockmusiker Frank Zappa*
Zausel *ugs. „verwirrter alter Mann"*
Zazou / Zazu *hebr. „Bewegung"*
Zebulon *Name eines der 12 Söhne des bibl. Jakob*
Zecke *scherzhafter Name für ein sehr anhängliches Tier*
Zeno / Zenon *griech. „Geschenk des Zeus"*
Zephyr *Kurzform von Zephyros, dem griech. Gott des Westwinds*
Zeus *Vater aller Götter in der griech. Mythologie*
Zion *Name einer Zitadelle im Zentrum von Jerusalem; jüd. Bezeichnung für das jüdische Heimatland und den Himmel*
Zippo *nach der bekannten Feuerzeugmarke*
Zoltan / Zoltán *ung., vermutl. von türk. Sultan, „Herrscher"*
Zombie *Bezeichnung für einen Untoten*
Zoran *slaw. „Dämmerlicht"*
Zorro *span. „Fuchs"; Name einer Romanfigur, des „Rächers der Armen" mit schwarzer Maske und Umhang*
Zottel *passend für ein Tier mit zotteligem Fell*
Zulu *nach dem Namen einer südafrik. Volksgruppe*
Zuma *südafrik. Nachname; bzw. Kurzform von aztek. Montezuma, „der Herr runzelt die Stirn"*

Weibliche Tiernamen

Abbie / Abby / Abbey Kurzform von Abigail, hebr. „Vaterfreude"
Abelia alban. „Die Herrliche"
Abendstern ein romantischer Name, z. B. für ein schwarzes Tier mit einer weißen Blesse
Ada hebr. „Die Geschmückte"
Adara hebr. „Die Edle"
Adele frz./ahd. „Die Edle"
Adeline „Die Edle, Vornehme"
Adina hebr. „Die Zarte"
Aditi ind. „Freiheit, Geborgenheit"
Adora span. „Die Begehrte", vom engl. adore „begehren"
Adria Kurzform von Adriana, lat. „von der Adria stammend"
Agatha / Agathe lat. „Die Gute"
Agnes von griech. hagnos „Die Keusche"
Afra lat. „Die Afrikanerin"
Aida griech./arab. „Mondlicht"
Aika ahd. „Schwertspitze"
Aiko jap. „Kind der Liebe"
Aila finn. „Sonnenschein"
Aino finn. „Die Einzige"
Aisha / Aischa / Aysche türk./arab. „die Lebendige"
Aislin / Aislinn / Aisling / Ashling gäl. „Traum, Vision"
Aitana span. Name eines Gebirges bei Alicante
Akasha ind. „der Himmel"
Akelei, eine Blume
Akira jap. „Die Strahlende"
Alabama nach dem amerik. Bundesstaat
Alabaster nach der weißen, etwas durchscheinenden Gipsart
Alaia bask. „Die Fröhliche"
Alaska nach dem gleichnamigen Land
Alba span./lat. „Die Weiße"

Aleph erster Buchstabe des hebr. Alphabets
Aleshanee indian./coosan „immerzu spielend“
Alfalfa botanischer Name der Luzerne
Alice frz./engl. „von edler Gestalt“
Alix mittelalterl. frz. Form von Alice
Alix altfrz. Form von Alice
Alizée frz. „Passatwind“
Allegra / Allegria ital. „Die Fröhliche“
Alma got. „Die Tapfere“
Almaz äthiop./amhar. „Diamant“
Alpha der erste Buchstabe des griech. Alphabets
Alraune Pflanze, deren Wurzel man früher Zauberkräfte nachsagte
Alruna ahd. „Edler Zauber, Geheimnis“
Althea griech. „Die Heilende“
Alva altgermanisch/nordisch „Fee, Elfe“
Amai hebr. „Die Begnadete, von Gott geliebte“
Amanda lat. „Die Liebenswürdige“
Amani arab. „Der Wunsch“
Amarena ital. „Sauerkirsche“
Amaryllis griech. „Die Funkelnde“; Name einer Romanfigur bei
  Vergil; Name einer Blume
Amazone nach den kämpferischen Frauen aus der griech. Sage
Ambar ind. „Himmel“
Amber engl. „Bernstein“
Ambra ital. Variante von Amber
Amelia / Amalia ahd. „die Tüchtige“
Amelie Variante von Amelia
Amethyst engl., Name eines violetten Edelsteins, des Geburtssteins
  für den Monat Februar
Amiga ital./span. „Freundin“
Amina altpers. „Prinzessin, Schönheit“
Amit hebr. „Freund“
Amparo span. „Schutz“
Amrei bayr. Kosename für Annemarie
Amy engl. Kurzform für Amata, lat. „Die Geliebte“
Anandi ind. „Glückliche Seele“
Andie Koseform von Andrea, griech. „Die Tapfere“
Andromeda Tochter König Kepheus‘ aus der griech. Mythologie

Anemone dt. „Buschwindröschen"
Angel engl. „Engel"
Angie Koseform von Angel oder Angela
Anja slaw. „Die Anmutige"
Anjali / Anjuli / Anjeli ind. „Gottesgeschenk"
Anju ind. „Ehren"
Anka slaw. Koseform von Anna, „Die kleine Anna"
Anna hebr. „Anmut, die Begnadete"
Annabelle Kombination aus Anna und Belle, „Die schöne Anna"
Annie engl. Verkleinerungsform von Anna
Anouk frz. Version von Anouschka, russ. Koseform von Anna
Anusch / Anousch armen. „Die Süße"
Anthea griech. „Die Blütenreiche"
Antigone Tochter des Ödipus in der griech. Mythologie
Antonella ital. Form von Antonia
Antonia / Antonie röm. „Die Antonierin"; weibl. Formen von Anton
Aphrodite myth. griechische Göttin der Liebe
Apollonia nach dem griech. Gott Apollo, dem Gott der Weisheit, der
  Sonne und des Lichts
Apple engl. „Apfel"
Aquamarin nach einem hellblauen Edelstein
Arabella roman. „Schöne Araberin"
Arami indianisch „Kleiner Himmel"
Arcadia von Arkadien abgeleitet
Arden vermutlich keltischen Ursprungs, nach der Göttin des Wal-
  des, Arduinna
Aria ital. „Lied, Melodie"
Ariadne griech. „Die besonders Ehrwürdige"
Arielle hebr. „Löwin Gottes"
Artemis griech. Göttin der Jagd
Aruna ind. „Morgenröte"
Arwen altnord. „Gut, gerecht"
Asami jap. „Schönheit des Morgens"
Ascha / Asha ind. „Wunsch, Hoffnung", Name einer Figur in der
  US-amerikanischen Fernsehserie Game of Thrones
Ashanti ind. „Die Unruhige"
Assia / Asya arab. „Die Heilende"; Kurzform von Anastasiya
Asta skand. Kurzform von Astrid

Asuka *(gespr. Aska) jap. „Duft von morgen"*
Athena / Athene *griech. Göttin der Weisheit*
Atlanta *griech. „Gleichgewicht"*
Atlantis *Name einer myth. Insel*
Augusta *lat. „Die Erhabene"*
Aura *griech. „Lufthauch"*
Aurea *lat. „Die Goldene"*
Aurora *lat. „Die Morgenröte"*
Ava *altsächs. „Die Kräftige"*
Avanti *ital. „Vorwärts"*
Aviva *hebr. „Frühling"*
Ayami *jap. „Schöne Farbe"*
Ayana *äthiop./amhar. „Schöne Blume"*
Ayla *türk. „Mondschein"*
Ayumi *jap. „Die Wandernde", im Sinne von „Sie geht ihren Weg"*
Azami *jap. „Distelblume"*
Aziza *arab. „Die Kostbare"*
Azuka *igbo-niger. „Die Vergangenheit ist deine Stärke"*
Azra *hebr. „Die Helferin"*

B

Babette „Die Fremde", von griech. barbaros, „fremd"
Babuschka russ. „Goßmütterchen"
Baby passend für ein kleines, anhängliches Tier; aber auch für ein selbstbewusstes, elegantes Tier
Bailey engl. „Vogt"; nach einem engl. Familiennamen
Bai Ling chin. „Reine Seele"; nach einer chinesisch-amerikanischen Schauspielerin
Bambi Kurzform von ital. bambino, „Kleines Kind", Name einer Disneyfigur, eines (männlichen) Rehkitzes, der Name ist heute aber eher weiblich besetzt
Banshee gäl. „Frau aus den Hügeln", eine Geisterfrau
Banu afgh. „Die Angesehene"
Bärbel süddt. Koseform von Barbara
Barbie engl. Koseform von Barbara, griech. „Die Fremde"
Basanti ind. „Frühling"
Bascha / Basha poln. Kurzform von Barbara
Basheera arab. „Überbringerin guter Nachrichten"
Batoul arab. „Jungfrau"
Bathseba hebr. „Tochter des Schwurs"
Beatrice ital./frz. Form von Beatrix, lat. „die Glückbringende"
Beauty engl. „Die Schönheit"
Becca / Bekka Kurzform von Rebecca, hebr. „Eine Schlaufe binden"
Becky Kosename von Rebecca
Belinda engl./ital. „Die Schöne, Sanfte"
Bella / Belle ital. „Die Schöne"
Benita ital. Kurzform von Benedicta, lat. „Die Gesegnete"
Bente Kurzform von Benedicta, lat. „Die Gesegnete"
Bernadette frz. Form von Bernhardine germ. „Die Bärenstarke"
Bertha / Berta germ. „Die Berühmte"
Beryl / Beryll engl.; Name eines wasserhellen Edelsteins
Berry engl. „Beere"
Bess / Bessie / Betty engl. Kurzformen von Elisabeth, hebr. „Mein

Gott ist vollkommen"

Beta der zweite Buchstabe des griech. Alphabets

Bhavani ind. „Kraft und Liebe Gottes"

Bianca / Bianka ital. „Die Weiße, Glänzende"

Bibi Kurzform von Viviane

Bijou frz. „Juwel"

Billa / Bille Kurzform von Sibylle, griech. „Die Wahrsagerin"

Billie Koseform von Wilhelmina, von germ. willa, „Wille" und helm, „Helm, Schutz"

Bina / Bine / Bini / Biene Kurzformen zu Namen, die auf –bina oder –bine enden

Bionda ital. „Die Blonde"

Birdie engl. „Vögelchen", Kosename für Bertha

Birke ahd. „Die Glänzende"

Birte schwed./dän. Form von Birgit

Bisou frz. „Kuss"

Björk isländ. „Birke/Bärin"

Blair schott. „Flachland, Wiese", nach einem Familiennamen

Blake nach einem engl. Familiennamen, von altengl. „schwarz"

Blanca /Blanka span. „Die Weiße"

Blanche frz. „Die Weiße"

Bliss engl. „Glückseligkeit"

Blondie „Die Blonde"; Name einer New Wave Band

Bloom kelt. „Die Hübsche, Starke, Gutmütige"

Blossom engl. „Die Erblühende"

Blomma schwed. „Blume"

Bluebell / Bluebelle engl. „Glockenblume"

Blümchen ein passender Name für ein freundliches Tier

Bo chin. „Welle"; Kurzform von Namen, die mit Bo- beginnen

Bobbi / Bobbie / Bobby engl. Koseformen von Roberta

Bonita span, „Die Hübsche"

Bonny / Bonnie schott. „Die Hübsche"

Borka slaw. „Die Kämpferin"

Bounty engl. „Prämie, Belohnung"; Name eines berühmten Schiffes

Brandy niederl. „Branntwein"

Branka „Schutz und Frieden", serbokroat. Kurzform von Branislava oder Branimira

Brenda engl. „Schwert"

Brownie *engl. „Die Braune"; nach einem Schokoladengebäck*

Bruna *ital./slow. von ahd. „Die Braune", weibl. Form von Bruno*

Bruni *ahd. Kurzform von Brunhilde; „die im Harnisch kämpfende"*

Bubbles *von engl. bubbly „aufgeregt, lebhaft"*

Buffy *Name einer Vampirjägerin in der US-amerik. Fernsehserie „Buffy – Im Bann der Dämonen"*

Bunny *engl. „Häschen"*

C

Cabaret *auch Revue genannt, ist eine Form des Musiktheaters*
Caja *norddt. für Katharina, griech. „die Reine"*
Calantha *griech. „Schöne Blume"*
Calista / Callista *griech. „Die Schöne, Zierliche"*
Calliope *griech. Mutter von Orpheus, Muse der epischen Dichtung*
Calypso *Meeresnymphe der griech. Mythologie*
Cambria *lat./walis. „Wales"*
Camilla *hebr. „Tempeldienerin"*
Candice / Candis *griech. „Weißglühend"*
Candy *engl. „Weiß wie Zucker"; von lat. candidus „schneeweiß"*
Caprice *engl./ital. „Impuls"*
Cara *ital. „teuer, lieb"*
Caramel *span. „Gebrannter Zucker", auch „karamellfarben"*
Carissima *ital. „Liebste, Teuerste"*
Carla / Karla *ahd. „Die Freie"*
Carly *engl. Variante von Carla*
Carmilla *ital./span. Variante von Carmel, hebr. „Garten"*
Caro *Kurzform von Caroline, lat. „Die Freie"*
Casey *engl./gäl. „Nachkommen des Wachsamen", nach einem irischen Familiennamen*
Cassandra *Name einer trojanischen Prinzessin und Wahrsagerin*
Cassia *hebr. „Zimt"*
Cassie *engl. Koseform von Cassandra*
Cassiopeia *in der griech. Mythologie Mutter von Andromeda*
Caya / Caja *schwed./norweg. Variante von Katharina, griech. „Die Reine"*
Chanel *frz. „Kleine Kanne"; Name einer Modemarke*
Channa / Chana *ind. „Kichererbse"*
Charlie / Charly *engl. Kurzform von Charlotte, ahd. „Die Freie"*
Cheetah *engl. „Gepard"*
Chenille *frz. „Die Schöne"*
Chenoa *Name einer Stadt im US-Bundesstaat Illinois*

Chérie frz. „Teure, Liebe, Schatz"

Cherry engl. „Kirsche"

Cheyenne Name eines Indianerstammes

Chiara ital. Form von Clara

Chica span. „Die Kleine"

Chi-Chi / Chichi Koseform für Namen, die mit Chi- beginnen

Chihiro jap. „Bodenlose Tiefe"

Chili nach der scharfen kleinen Schote

China nach dem Land in Asien

Chinook Name eines nordamerik. Indianerstammes; Name einer Hunderasse

Chinou Bedeutung unklar, evtl. von jap. no-chinō, „Intelligenz"

Chipo südafrik./shona „Geschenk"

Chiquita span. „Kleines Mädchen"; nach der Fruchtgesellschaft

Chloe griech. „Die Grünende"

Chouchou / Chou-Chou frz. „Herzchen, Liebling"

Choupette frz. „Schnuckilein, Schatzilein", Name der Birma-Katze des Modedesigners Karl Lagerfeld

Cinderella engl. „Aschenputtel" nach dem frz. Namen Cendrillon, „Kleine Asche"

Cindy engl. Kurzform für die Namen Lucinda und Cynthia

Cinnamon engl. „Zimt"

Circe Zauberin aus der griech. Mythologie

Claire frz. Form von Clara

Clara lat. „Die Klare, Leuchtende"

Clea Variante von Cleo

Cleo griech. „Stolz, Ruhm"; Kurzform von Cleopatra

Cleopatra Name einer ägyptischen Pharaonin

Coco Kosename für Namen, die mit Co- beginnen; nach der Modedesignerin Coco Chanel

Concha span. „Muschel"

Conchita span. „Kleine Muschel"

Conny / Connie Kosenamen für Cornelia und Constanze, lat. „Die Standhafte"

Consuela span. „Trost"

Cookie engl. „Plätzchen, Keks"

Cora griech. „Junges Mädchen", oder auch von lat. cor, „Herz"

Coral engl. „Koralle"

Coralie niederl. „Koralle“
Coraline Variation des Namens Caroline
Cosette von frz. chosette, „Kleines Ding“
Cosima griech. „Die Ordentliche“
Cosma griech. „Ordnung“
Cuba nach der karibischen Insel
Curly engl. „Die Gelockte“
Curry nach der indischen ockerfarbenen Gewürzmischung

D

Daisy engl. „Gänseblümchen"

Dajana südslaw. „Die Widerspenstige"

Dagi / Daggi Koseformen von Dagmar

Dagmar germ. „Ruhm des Tages"

Dahlia / Dalia / Daliah hebr. „Starker Zweig, Weinranke"; Name einer Blume

Dakota indian. „Freund, Verbündeter"; Bundesstaat in den USA

Damaris griech. „Kalb"

Daphne griech. „Treue"

Dara hebr. „Mitgefühl", thail. „Stern", bulgar. „Geschenk"

Darcy / Darcey nach einem engl. Familiennamen; norm./frz. d'Arcy, „aus Arcy", einer Stadt in Frankreich

Daria / Dariah / Darya pers. Form von Darius; russ. „Gottesgeschenk"

Dasha / Dascha Kosename von Darina, slaw. „Gottesgeschenk"

Debbie / Debby Koseform von Deborah, hebr. „Biene"

Delta der vierte Buchstabe des griechischen Alphabets

Deluxe frz./engl. „Luxuriös"

Demeter griech. „Mutter Erde"; griech. Göttin der Landwirtschaft

Desdemona lat. „Missgeschick", Hauptfigur in Shakespeares Othello

Destiny engl. „Schicksal"

Devi ind. Göttin

Diamante / Diamond bedeutet „Diamant"

Diana röm. Göttin der Jagd

Dido phöniz. „Jungfrau" (vermutl.); Name der Königin von Karthago in Vergils „Aeneis"

Dina / Deena / Dinah hebr. „Die Gerächte, Gerechtfertigte"

Dior frz. d'or, „aus Gold, golden"; Name einer Modemarke

Dita Kurzform von Namen, die mit Diet- beginnen

Diva / Divina lat. „Die Göttliche"

Dixie frz./engl. „Zehn"

Diya arab. „Licht"

Dizzie engl. „Schwindelig"

Djamila arab. „Die Schönheit"

Djuna Kombination aus den portug. Namen Djalma und Luna („Mond")

Dolly engl. Kurzform von Dorothy, griech. „Gottesgeschenk"

Donna engl./ital. „Frau"

Dora Kurzform von Namen, die mit Dor- beginnen

Dorette Erweiterung von Dora; nach Dorette Duck, der Schwester von Dagobert Duck aus der Comicreihe „Donald Duck"

Dorkas griech. „Gazelle"

Dorle Verkleinerungsform von Namen, die mit Dor- beginnen

Doro Kurzform von Namen, die mit Doro- beginnen

Dua türk./arab. „Gebet"

Duchesse frz. „Herzogin"

Dulce span. „Süß"

Dunja / Dunya arab./pers. „Die Welt"

Dura lat. „Die Harte"

Durga ind. „Die Unerreichbare"

Dusha / Dushka slaw. „Seele"

Dusty engl. „Staubig"

Easy engl. „Einfach, unkompliziert"
Ebba Kurzform für Eberhardine, ahd. „Stark wie ein Eber"
Ebby Variante von Abby
Ebony engl. „Ebenholz"
Echo Name einer Nymphe in der griech. Mythologie
Edda altnord. „Urgroßmutter"
Eden nach dem Garten Eden, das Paradies
Effi / Elfi dt. Koseformen von Elfriede, „Elfenkraft"
Eika klassischer Hundename
Eila Kurzform des germanischen Namens Eiliswintha, „Starkes Schwert"
Elea engl. Kurzform von Eleanor, griech. „Die Mitfühlende"
Electra / Elektra griech. „Die Strahlende"
Elfe ein Naturgeist
Elfi / Elfie Koseform von Elfriede, altengl. „Elfenkraft"
Eliette frz. weibl. Form von Elias, hebr. „Mein Gott ist Yahweh"
Ella / Elli Kurzformen für Namen, die auf –ella enden
Elsa Kurzform von Elisabeth, hebr. „Mein Gott ist vollkommen"
Emily lat. „Die Rivalin"
Emma ahd. „Die Große, Erhabene"
Emmi / Emmy Abwandlungen von Emma
Engel nach den Himmelswesen
Enid walis. „Seele, Leben"
Enisa / Enissa arab./alban. „Treue Freundin"
Erbse ein witziger Name für ein kleines oder rundliches Tier
Erna ahd. „entschlossen"
Escada nach dem Modeunternehmen
Esmeralda span. „Smaragd", der Geburtsstein für den Monat Mai
Esperanza span. „Die Hoffnung"
Esprit frz. „Geist, Verstand"
Eulalia / Eulalie griech. „Die gut redet"
Evita span. Verkleinerungsform von Eva; „Kleine Eva"

Fabia ital., vom röm. Familiennamen Fabius abgeleitet, lat. faba, „Bohne"

Falbala Name einer attraktiven Frau in der frz. Comicreihe „Asterix und Obelix"

Fancy engl. „Fantasie"

Fanny engl. Kurzform von Frances, „Kleine Französin"

Fanta „Schöner Tag"; häufiger Name in Westafrika

Farai südafrik./shona „Die Frohlockende"

Fay engl. „Fee"

Fee ein weiblicher Naturgeist

Felicia / Felitia / Felizia lat. „Die Glückliche", weibl. Form des Namens Felix

Felina lat. „Kätzchen"

Fibi griech. „Die Reine, Strahlende"; moderne Schreibweise von Phoebe, die die englische Aussprache dieses Namens widerspiegelt

Fidelia lat. „Die Frohe"

Fienchen / Finchen Koseform von Josefine, hebr. „Gott möge vermehren"

Fifi / Fiffi hebr. „Er wird hinzufügen"; Koseform von Josephine, klassischer Hundename

Fina Kurzform des Namens Serafina, „Liebesengel"

Fine / Fiene Kurzform des Namens Josefine

Finja / Finnja nord./slaw. Variante des Namens Serafina

Fiona gäl. „Die Weiße"

Fiora ital. „Blume"

Fiorella ital. „kleine Blume"; Koseform von Fiora

Flair frz. „Talent, Pfiff"

Fleur frz./lat. „Blume"; frz. Form von Flora

Fleurette frz. Verkleinerungsform von Fleur; „Blümchen"

Flocke / Flöckchen gemeint ist eine Schneeflocke; ein passender Name für ein weißes Tier

Flo / Floh ein witziger Name für ein kleines lebhaftes Tier

Flor span./port. „Blume“

Flora lat. „Blume“

Florinda Erweiterung von Florinda

Florine frz., von lat. florus, „Blume“

Flummy nach dem kleinen hüpfenden Gummiball

Fonsy / Fonsie „Die Reife“; Kurzform von Alphonsine

Fortuna lat. „Glück“; röm. Göttin des Glücks

Fotini griech. „Licht“

Foxy / Foxie engl. „Gerissen wie ein Fuchs“

Franca / Franka ital. Kurzform von Franziska

Franzi bayr. Kurzform von Franziska, „Kleine Französin“

Frau als höfliche Anrede, z. B. Frau Meier, Frau Klein oder Frau Katz

Freya / Freia / Freyja „Herrin“; isl. Göttin der Liebe

Frieda / Frida germ. „Friede“, Kurzformen der Namen Friederike und Elfriede

Fritzi bayr. Kurzform von Friederike

Frou-Frou frz. „Geknister, Rascheln“

Fuchsia / Fuxia engl. Name einer leuchtend rosa Blume

Funny engl. „Witzig“

G

Gaia / Gaya in der griech. Mythologie die Urmutter der Erde
Gamma der dritte Buchstabe des griech. Alphabets
Gala russ. Kurzform von Galina
Galadria Variation des Namens Galadriel
Galadriel Name einer Elfe aus dem Roman „Der Herr der Ringe"
Galatea griech. „Die Milchweiße"; Gestalt aus der griech. Myth.
Galia hebr. „Gott wird erlösen"
Galina russ./griech. „Frieden"
Gemma ital. „Edelstein"
Genet äthiop./amhar. „Paradies"
Genoveva Namensvariante des germ./kelt. Namens Genovefa,
    Bedeutung unklar
Georgina „Die Bäuerin" von griech. georgos, „Bauer"
Gerda isl. „Die Friedliche"
Gerta germ. „Kraft des Speers"
Gertrud germ. „starke Speerkämpferin"
Gesche fries. Kurzform von Gertrude
Gigi frz. Kurzform von Namen die die Silbe gi- enthalten
Gina ital. Kurzform von Namen, die auf –gina enden
Ginger engl. „Ingwer"
Ginny / Ginnie engl. Kosename für Virginia
Gipsy engl. „Zigeuner", urspr. von egyptian, „Ägypter" hergeleitet
Gita ind. „Lied"
Gitta / Gitti Kurzformen von Brigitta, „Die Göttliche"
Gloria lat. „Die Rumreiche"
Godiva lat./altengl. „Geschenk Gottes", Name einer engl. Adeligen
    aus dem 11.Jh, „Lady Godiva"
Golda jüd. „Die Goldene"
Goldie engl. „Goldig"
Goya nach dem span. Maler Francisco de Goya
Grace engl „Anmut, Gnade"; engl. Form des Namens Gracia
Greta Kurzform von Margarete, griech. „Perle"

Gretel Koseform von Margarete

Gucci nach der italienischen Modemarke

Gudrun altnord. „Gottes geheime Überlieferung"

Gundel Koseform von Namen, die auf -gund (germ. „Krieg") enden; eine bekannte Namensträgerin ist die Hexe Gundel Gaukeley aus der Comicreihe „Donald Duck"

Gundula Erweiterung von Namen, die auf -gund (germ. „Krieg") enden

Gwendolin / Gwendolyn walis. „Weißer Ring"

Halima *arab. „Die Geduldige"*
Hamida *arab. „Die Lobpreisende"*
Hana *jap. „Blume"; arab. „Glückseligkeit"*
Hanako *jap. „Blumenkind, Blümchen"*
Hannah *hebr. „Anmut"*
Hanne / Hanni *Koseformen von Johanna, hebr. „Gott ist barmherzig"*
Happy *engl. „Glücklich"*
Harlow *altengl. „Felsiger Berg"; nach einem engl. Nachnamen*
Harmony *engl./griech. „Harmonie"*
Havanna *Name der kubanischen Hauptstadt*
Haven *engl. „Hafen, Zuflucht"*
Hazel *engl. „Haselnuss, haselnussbraun"*
Heather *engl. „Heide, Heidekraut"*
Heaven *engl. „Himmel, Paradies"*
Hebe *altgriech. Göttin der Jugend*
Hedda *germ. „Zuflucht"*
Hedwig *germ. „Kriegsfehde"; Name einer Eule in Joanne K. Rowlings Harry-Potter-Romanen*
Hekate *Zauberin und Göttin in der griech. Mythologie*
Heidi *Koseform von Adelheid, ahd. „Vornehmes Wesen"*
Heike *Kurzform von Henrike, ahd. „Reiches Haus"; weibl. Form des Namens Heinrich*
Helena *griech. „Die Leuchtende"*
Helga *altnord. „Gesund und unversehrt"*
Henriette *frz. Verkleinerungsform von Heinrich, von germ. „Herrscher des Heims"*
Hera *griech. Göttin der Ehe und Familie*
Hermia *weibl. Form des Namens Hermes, dem griech. Götterboten*
Hermine / *ahd./germ. „Die Gewaltige", weibl. Form von Hermann*
Hero *griech. myth. Priesterin der Aphrodite*
Hestia *griech. Göttin des Herdfeuers*

Hexe *eine Zauberin; eine böse alte Frau; eine weise Frau*
Hilda / Hilde *ahd. „Kämpferin"*
Hina *jap. „Puppe, Küken"*
Hippolyta *die Königin der Amazonen in der griech. Legende*
Holly *engl. „Stechpalme"*
Holda / Hulda *ahd. „Die Holde"*
Hope *engl. „Hoffnung"*
Honey *engl. „Honig, honigsüß, Süße"*
Honami *jap. „Wölfin"*
Hope *engl. „Hoffnung"*
Hoshi *jap. „Stern"*
Hoshiko *jap. „Sternenkind, Sternchen"*
Hummel *nach dem bienenähnlichen Insekt*

I

Ida *Kurzform des ahd. Namens Iduberga, der Patronin der Arbeit*
Iffi / Iffy *vermutl. Koseform von Iphigenie, von griech. iphios, „stark"*
Ilka *ung. Koseform von Ilona*
Imani *suah. „Glaube"*
Inari *jap. Fuchsgeist*
India *engl. „Indien"*
Indiana *„Land der Indianer", Name eines Bundesstaates der USA*
Indigo *blauviolettes Farbpigment*
Indira *ind. „Schönheit"*
Indra *ind. „Der die Regentropfen besitzt", hinduist. Gott des Regens*
Indy *Kurzform von Namen, die mit Ind- beginnen*
Inka *fries./finn. Variante des Namens Inga; Name eines alten peruanischen Volkes*
Irina *russ./griech. „Die Friedliebende"*
Isa *Kurzform von Isabelle*
Isabella *lat. Variante von Elisabeth, hebr. „Mein Gott ist vollkommen"*
Isha *Koseform für Namen, die mit –isha enden*
Ishtar *Name einer babyl. und assyr. Muttergöttin*
Isis *Name einer ägyptischen Fruchtbarkeitsgöttin*
Issy / Izzy *Kurzformen von Isabell / Isobel*
Ivana *slaw. Form von Johanna*
Ivory *engl. „Elfenbein"*
Ivy *engl. „Efeu"*
Iza *Kurzform von Namen, die mit Isa- oder Iza- beginnen*

Jackie engl. Kurzform von frz. Jacqueline, hergel. von hebr. Yaakov, „Gott schützt"

Jacuzzi engl. ein anderes Wort für einen Whirlpool

Jade nach einem (meist grünen) Edelstein

Jaffa nach der alten Hafenstadt Jaffa

Jamaica nach dem karibischen Inselstaat

Jamie / Jaimie geschlechtsneutraler Name, Kurzform des Namens James

Jamila arab „Schönheit"

Jana tschech./südslaw. Kurzform des Namens Marijana

Janis engl. Variation von Jane

Janet engl. Variation von Jane

Janka slowak. Variante des Namens Jana

Janna schwed./finn., von hebr. „Gott ist groß", weibl. Form des Namens Jan

Jaska saami „Die Ruhige"

Jasna slaw. „Die Klare"

Jazz / Jazzy nach einer amerik. Musikrichtung

Jeannie engl. Koseform von Jeanne, hebr. „Gott ist barmherzig"

Jella fries. Kurzform von Namen, die mit germ. gild „Wert" beginnen

Jelly engl. „Gelee"

Jenga nach dem gleichnamigen Geschicklichkeitsspiel

Jenny engl. Kurzform von Jennifer

Jessy Kurzform von Jessica, hebr. „von Gott gesehen"

Jette niederl. Kurzform von Henriette

Jewel engl. „Juwel"

Jill engl. Kurzform von Gillian; nach dem röm. Familiennamen Julius, der entweder von griech. ioulos, „flaumbärtig" oder vom Namen Jupiter hergeleitet wurde

Jinny engl. Variante von Ginny

Jodi / Jody / Jodie engl. Variationen des Namens Judy

Jojo / Jo-Jo *nach dem Spielgerät*
Johari *suah. „Juwel"*
Joli / Jolie *frz. „Die Hübsche"*
Jolly *engl. „Die Vergnügte, Heitere"*
Jonna *skand. Kurzform von Johanna, hebr. „Gott ist barmherzig"*
Josefine *Variante von Josefa, hebr. „Gott möge vermehren"*
Josie / Josy *Koseform von Namen, die mit Jos- beginnen*
Joy *engl. „Freude"*
Juana *span. Form von Johanna*
Juanita *span. Verkleinerungsform von Juana, „Die kleine Juana"*
Judi / Judy / Judie *engl. Koseform von Judith*
Julchen *Koseform von Julia*
Jule *Kurzform der Namen Julia und Juliane*
Juli / July *lat. „Aus dem Geschlecht der Julier"; ein Monatsname*
Julia *röm. „Zur Familie der Julier gehörig"*
Juma *suah. „Sonntag"*
Juni *nach dem Monatsnamen*
Juno *„Beschützerin der Frauen", Name einer römischen Göttin, auch*
Hera genannt

K

Kaba nach dem gleichnamigen Kakaogetränk

Kadira arab. „Die Mächtige", weibl. Form von Qadir

Kadisha arab. „Die Frühgeborene"

Kaia / Kaja / Kaya skand. Kurzformen von Katharina, griech. „die Reine"

Kalea hawaii. „Freude"

Kalinka bulg. Verkleinerungsform von Kalina, „Schneeball-Strauch"

Kalliope griech. Mutter von Orpheus, Muse der epischen Dichtung

Kamalani hawaii. „Himmlisches Kind, Himmelskind"

Karla ahd. „Die Freie"

Karlie engl. Variante von Carly, ahd. „Die Freie"

Karma ind. „Schicksal"

Kashi ind. „leuchtend"; Name einer heiligen Stadt in Indien

Kassandra griech. Wahrsagerin

Kassiopeia in der griech. Mythologie Mutter von Andromeda

Käthe altd./bayr. Kurzform von Katharina, griech. „die Reine"

Kati / Katie / Katy Kurzformen von Katharina

Katinka Kurzform von Katharina

Katja russ. Kurzform von Katharina

Katniss Name einer Romanfigur in Suzanne Collins' „The Hunger Games"

Kato afrik./luganda „Zweiter Zwilling"

Katrin Kurzform von Katharina, griech. „die Reine"

Kazuko jap. „Friedenskind"

Kazumi jap. „schöne Harmonie"

Keiko jap. „glückliches Kind"

Kelly irisch/gäl. „Krieger", urspr. ein männlicher Vorname

Kenia Name eines afrik. Landes

Kenza arab. „Schatz"; Name der Mutter Moulay Idris', des Gründers des marokk. Staates

Kesha / Keshia / Keisha hebr./engl., von Cassia, „Zimt"

Kessi / Kessie / Kessy Koseform von Kerstin; Variante von Cassie

Kja schwed. Kurzform von Kristina

Kiana amerik./engl. von Qiana, einer seidenähnlichen Nylonfaser

Kiki Koseform von Namen, die mit Ki- beginnen

Kimba aborigine „Buschfeuer"; Name eines Löwen in einer Zeichentrickserie

Kimi / Kimmi Verkleinerungsform von Kimberly, nach einer Stadt in Südafrika

Kimiko jap. „Prächtiges Kind"

Kinga poln. Koseform von Kunigunde

Kioko jap. „Gesegnetes Kind"

Kira / Kyra irisch/engl. Varianten von **Kiara**

Kiran ind. „Sonnenstrahl"

Kirei / Kerei / Kirai jap. „Die Hübsche"

Kirke Zauberin aus der griech. Mythologie

Kisaki jap. „Prinzessin"

Kisha Variante von Kesha

Kismet arab. „Schicksal"

KitKat nach dem Schokoriegel

Kitti / Kitty engl. Koseform von Katherine; engl. „Kätzchen"

Kiwi Name einer Frucht; Name eines flugunfähigen Vogels

Klara lat. „die Helle, Leuchtende"

Klementine lat. „die Milde, Gnädige"

Kleopatra Name einer ägyptischen Pharaonin

Kohaku jap. „Bernstein"

Kohana jap. „Kleine Blume"

Koko In den Krimis der Autorin Lillian Jackson Braun helfen die Siamkatzen Yum-Yum und Koko ihrem Besitzer dabei, Kriminalfälle zu lösen.

Krümel ein freundlicher Name, nicht nur für Nagetiere

Kunigunde ahd. „Die Kämpferin für ihre Sippe"

Kuro jap. „Schwarz"

Kyla gäl. „Schwarz, dunkel",

L

Lacey / Lacy dem Namen einer Stadt in der Normandie entlehnt
Lacrima lat./ital. „Die Träne"
Lada slaw. Name einer Liebesgöttin
Lady engl. „Dame"
Lady Gaga nach der amerik. Sängerin
Laika russ. „Beller, Kläffer"
Laila / Leila arab. „Nacht, Dunkelheit"
Lakota indian./engl. „Freund", Name eines amerik. Indianervolks
Lalita ind. „Verspielt, liebreizend"
Lamai thail. „Weich"
Lambada Name eines Tanzes und eines bekannten Lieds
Lana slaw. „Licht"
Lara Kurzform von Larissa, griech. „Zitadelle"
Lassie nach dem Collie aus der bekannten Fernsehserie „Lassie"
Latina span. „die aus Lateinamerika stammende"
Latoya Zusammensetzung aus der Vorsilbe La- und dem Namen
Laya arab. Form von Leah
Layla / Laila / Leila arab. „Nacht"
Lazy engl. „faul, gemütlich"
Lea biblischer Name, Bedeutung unklar
Leia / Leya griech. Form von Leah; Name einer Prinzessin in den
    Star Wars Filmen
Leilani hawaii. „himmlische Blume"
Lemon engl. „Zitrone"
Lena / Lene / Leni Kurzformen von Helena
Lente niederl. „Lenz, Frühling"
Leona / Leonie „Die Löwin", von griech. leon, „Löwe"
Lexa / Lexi Kurzformen von Alexa, griech. „Die Verteidigerin,
    Beschützerin"
Lia / Lea lat. „Die Löwin"
Liberty engl. „Freiheit"
Libra lat. „Waage"

Liesl / Liesel niederdt. Koseformen von Elisabeth

Lila ind. „Spiel, Unterhaltung"

Lili / Lilli / Lilly „Lilie"

Lilith „zur Nachtzeit", Name eines weibl. Dämons aus der assyr. Mythologie

Lillifee Romanfigur aus einer Kinderbuchreihe von Monika Finsterbusch

Lilo Kurzform von Liselotte

Lilou / Lilu frz. Kombination aus den Namen Lili und Louise

Lilwen / Lilwenn breton./walis. „Lilienweiß"

Lima Name der Hauptstadt Perus

Lina / Line Kurzformen von Namen, die auf –lina / -line enden

Linda span./port. „Schön, sanft"

Ling Ling Name eines Pokémon

Linnéa / Linea schwed., nach dem botan. Namen des Moosglöckchens

Linnet engl. Name für den Bluthänfling, einer Finkenart mit roter Brust

Liora hebr. „Mein Licht"

Lira Name eines Saiteninstruments

Lisa Kurzform von Elisabeth, hebr. „die von Gott Geheiligte"

Lisha Kurzform von Alisha

Lissa Kurzform von Melissa

Lissi / Lissy / Lizzie Koseformen von Elisabeth

Livia Kurzform von Olivia

Locke passend für ein Tier mit langem Fell

Lola span. Kurzform von Dolores, „Die Schmerzensreiche"

Lolita Verkleinerungsform von Lola

Lollipop ein freundlicher Tiername

London / Londyn nach der Hauptstadt Großbritanniens

Loona Variation des Namens Luna

Lora / Lore Kurzformen von Eleonora

Lorelei / Loreley Name einer altdt. Sagenfigur

Lotta / Lotte schwed. Kurzformen von Charlotte

Lotti / Lottie Koseform von Charlotte

Lotus / Lotos nach einer Wasserpflanze bzw. Hornklee

Lou engl. Kurzform von Louise, von Ludwig

Louison frz. Verkleinerungsform von Louise

Lourdes *Name eines frz. Wallfahrtsortes*
Lova *schwed. Kurzform von Lovisa*
Lovis / Lovisa *schwed. Varianten von Luise*
Luana *alban. „Löwin"*
Lucie / Lucy / Luzie *engl. Formen von Lucia, lat. „Die Leuchtende"*
Lucy-Lectric *nach der deutschen Band Lucilectric*
Luisa / Luise *weibl. Formen des Namens Ludwig, germ. „Der ruhmreiche Kämpfer"*
Lulu / Loulou *Koseform von Namen, die mit Lu- oder Lou- beginnen*
Luna *lat. „Mond", Name der Mondgöttin in der röm. Mythologie*
Luned *walis. „Bild, Idol"*
Luma *isl. „Pfote"*
Lumi *finn. „Schnee"*
Lupita *span. Koseform von Guadalupe, durch die Ähnlichkeit zu lat./ital. lupa, „Wölfin", eignet sich der Name gut für eine Hündin*
Lupina *„Wölfin" von lat. lupus, „Wolf"*
Lyra *Name eines Sternbildes*

Mabou _indian./micmac „Glitzernde Wasser"_
Ma Chérie _frz. „Meine Liebe"_
Madam / Madame _eng./frz. Anrede „Meine Dame", z. B. Madame Curie, Madame Mim…_
Mädchen
Madita _Name einer Romanfigur von Astrid Lindgren_
Madonna _ital. „meine Dame"_
Magda _Kurzform von Magdalena_
Maggie _engl. Koseform für Margaret_
Magic _engl. „Zauber, zauberhaft"_
Magna _lat. „Die Große"_
Magnolia _engl. Name einer Blume_
Maika / Maike _dt./niederl. Koseform von Maria_
Maila / Mayla _estn. Variationen von Maria_
Mai-Ling / Mei-Ling / May-Ling _chin. „Schöne Seele" und andere Bedeutungen_
Mai Tai _chin. „Sehr schön" und andere Bedeutungen_
Maja _Mutter des Zeus in der griech. Mythologie_
Mala _ind. „Kette"_
Malai _thai „Blumengirlande"_
Malaiku / Maleika _arab. „Die Engel"_
Mali _thai „Blume"_
Malika _arab. „Königin"_
Malin _schwed./norweg. Form von Magdalena_
Malina _russ. „Himbeere"_
Malini _ind. „Duft"_
Malinka _russ. „Himbeerchen"_
Malisa _thail. „Jasmin"_
Mallow _engl. „Malve"_
Malou _frz./niederl. Kombination aus Marie und Louise_
Malta _nach der gleichnamigen Insel_
Mamba _nach einer Schlangengattung_

Manchu auch Mandschuren, eine Volksgruppe im Nordosten Chinas
Manja slaw. Variation von Maria
Manou frz. Kombination aus Manon und Malou
Mara hebr. „Bitter"
Marble engl. „Murmel"; „Marbled" ist eine Bezeichnung für eine marmorierte Fellfärbung
Maria/Marie hebr. „Die Bittere"
Mariella ital. Koseform von Maria
Marilyn Kombination aus Mary und Lynn; nach der Schauspielerin Marilyn Monroe
Marley altengl. „schöner Wald", nach einem Familiennamen
Martha / Marta aram. „die Dame"
Maru jap. „Kreis, kreisrund"
Mascha / Masha russ. Koseform von **Maria**
Mathilda ahd. „Die mächtige Kämpferin"
Mau ein lautmalerischer Name für eine gesprächige Katze
Mausi / Mäuschen ein Kosename für ein sehr liebes oder schüchternes Tier
Maxi Kurzform von Maxima
Maxima lat. „Die Größte"
Maya Mutter des Zeus in der griech. Mythologie
Maylu pusht. „Bärin"
Meadow engl. „Wiese, Weide"
Medea Ehefrau Iasons in der griech. Mythologie
Medina arab. „das Zentrum"
Medusa eine griech. Sagengestalt mit Schlangenhaaren
Megumi jap. „Segen"
Meisje niederl. „Junges Mädchen"
Melia griech. „Esche", Name einer Nymphe aus der griech. Mythol.
Melian „liebes Geschenk", Name einer Romanfigur aus J. R. R. Tolkiens „Silmarillion"
Melli Koseform von Melanie, griech. „Die Schwarze, Dunkle"
Melody engl. „Melodie"
Melusine Name einer Wasserfee aus der europ. Mythologie
Memory engl. „Erinnerung"
Memphis altägypt. „Schön und dauerhaft"; Stadt in Ägypten
Mercy engl. „Gnade"
Merci frz. „Danke"

Meret Name einer ägypt. Göttin des Tanzes, des Frohsinns und des Gesangs

Merida nach einer Figur aus dem Animationsfilm „Merida – Legende der Highlands"

Merle lat. „Amsel"; Bezeichnung für eine Fellfärbung beim Hund

Merry engl. „Fröhlich"

Meta nord. Kurzform von Margarethe

Mia Kurzform von Maria

Midnight engl. "Mitternacht"

Mieze ein klassischer Katzenname

Mignon frz. „süß, niedlich"

Mika jap. „Wunderbarer Duft"

Miko jap. „Hübsches Kind"

Mila slaw. „Die Liebenswürdige", Kurzform von Namen, die mit Mil- beginnen

Miley weibl. Variante des Namens Miles

Milka hebr. „Königin"

Milla skand. Kurzform von Camilla

Millie / Milly Koseform von Emily, lat. „Die Rivalin"

Milou frz./niederl. Kurzform von Emilie, sowie von Marie-Louise

Mimi ital./engl. Koseform von Maria oder anderen Namen, die mit M- beginnen

Mina ind. „Fisch"; europ. Kurzform von Wilhelmina, von germ. willa, „Wille" und helm, „Helm, Schutz"

Minerva röm. Göttin der Weisheit

Ming chin. „Leuchtend, hell, klar"

Minka dt. Verkleinerungsform von Mina

Minnie engl. Koseform von Wilhelmina, von germ. willa, „Wille" und helm, „Helm, Schutz"

Minou / Minu Koseform von Mina

Minouche / Minusch frz. „Kätzchen"

Mira ind. „Ozean"; slaw. „Frieden"

Mirabai Name einer legendären ind. Prinzessin aus dem 16. Jh.

Mirabella ital. „Die Wunderbare, Wunderschöne"

Miracle engl. „Wunder"

Mirai jap. „Zukunft"

Miranda lat. „Die Bewundernswerte"

Miriel Name zweier Romanfiguren von J. R. R. Tolkien

Mischa / Mischka russ. „Bärchen"

Miss z. B. Miss Marple, Miss Piggy oder Miss Pepper

Missy / Missie engl. „Kleine Dame"

Misty engl. „Neblig"

Mitra / Mithra ind. „Freundin"

Mitzi / Mizzi österr./bayr. Koseformen von Maria

Miu jap. „Schöne Feder"

Mocca / Mokka nach dem starken schwarzen Kaffee

Molly altengl. Koseform von Mary

Momo jap. „Pfirsich"; Name der titelgebenden Romanfigur in Michael Endes Buch „Momo"

Mona altengl. „Kleine Edle", arab. „Wünsche"

Mona Lisa nach dem berühmten Gemälde Leonardo da Vincis

Moon engl. „Mond"

Moondance engl. „Mondtanz", bekannt durch den Tanzschritt Michael Jacksons

Mopsi „Kleiner Mops"; ein Kosename ohne tiefere Bedeutung

Mörchen „Kleine Möhre"; ein Kosename ohne tiefere Bedeutung

Morgana / Morgaine Zauberin der Artussage

Morla lat. „Schwarz, dunkel"; Romanfigur in Michael Endes Roman „Die unendliche Geschichte"

Motte nach dem meist nachtaktiven Insekt

Moustache engl. „Schnurrbart, Schnauzer"

Möwe nach dem Seevogel

Moya irische Variante von Maria

Mucha slaw. „Fliege"

Mücke passend für ein sehr kleines flinkes Tier

Mucki ein passender Name für ein kleines oder freches Tier

Mulan chin. „Starke Orchidee"

Muna / Mouna arab. „Wunsch, Verlangen"

Muriel gäl. „Helles Meer"

Mylady engl. „Meine Dame", respektvolle Anrede

Mystic engl. „Die Mystische, Geheimnisvolle"

N

Nabou nach einer gleichnamigen Science-Fiction-Erzählung des Autors Günther Krupkat

Nadja Kurzform von Nadeschda, slaw. „Hoffnung"

Nadua indian. Comanche-Name „Die sich bei uns wohlfühlt"

Nala / Nahla ind. „Stern", arab. „ein Schluck Wasser

Nalini ind. „Lotosblüte"

Nami jap. „Welle"

Nana Name der titelgebenden Romanfigur in Emile Zolas „Nana"

Nancy Variante des mittelalterl. Namens Annis bzw. griech. Agnes, „Die Keusche"

Nanni Kurzform von Marianne; nach einem der Romanzwillinge aus Enid Blytons Kinderbuchserie „Hanni und Nanni"

Nanouk inuit „Eisbär"

Nara mongol. „Sonne"

Nasha / Nascha russ. Verkleinerungsformen von Nastassja, griech. „Wiederauferstehung"

Nayeli indian./zapotec „Ich liebe dich"

Nayla / Naila arab. „Die ihre Ziele erreicht"

Nele Kurzform von Cornelia, lat. Familienname „Aus dem Geschlecht der Cornelier"

Nella ital. Kurzform von Antonella

Nelly / Nelli Koseform von Ellen

Nemesis griech. „Gerechtfertigter Zorn", griech. Göttin der Rache und der Gerechtigkeit

Nemi schwed./norweg.; von lat. nemus, „Hain"; Name einer Comic Heldin der norweg. Zeichnerin Lise Myhre

Nena Variation von Nina

Neo südafrik./tswana „Geschenk"

Nera hebr. „Kerze"

Nepita kors. „Majoran"

Nerida austr./aborig. „Wasserlilie"

Nessie Spitzname des legendären Seeungeheuers vom Loch Ness

Neva toskan. Variante von Nieves, span. „Schnee"
Nevada Name eines amerik. Bundesstaates; span. „schneebedeckt"
Nicki / Nikki Kurzform von Nicole, griech. „Sieg des Volkes"
Nigra lat. „Die Schwarze"
Nimue Name einer Zauberin aus der Artuslegende
Nina Kurzform von Namen, die auf –nina enden; span. „Kleines Mädchen"
Ninive Name einer biblischen Stadt im heutigen Irak
Ninja ein besonders ausgebildeter Kämpfer im alten Japan, der als Kundschafter, Saboteur oder Meuchelmörder eingesetzt wurde
Nisa thail. „Nacht", arab. „Frauen"
Nisanur türk. Kombination aus Nisa und Nur
Nisha ind. „Nacht"
Nishti ind. „Aufrichtigkeit"
Nita indian./choctaw „Bär"
Nixe ein sagenhaftes Wasserwesen, das den Oberkörper einer Frau und den Schwanz eines Fisches hat
Noblesse frz. „Großmut, Würde"
Noelle frz. „Weihnachten"
Nofretete altägypt. „Die Schöne ist gekommen"
Noisette frz. „Haselnuss"
Nomi / Noomi finn./schwed. Variationen von **Naomi**
Nona lat. „Die Neunte", Name der röm. Göttin der Schwangerschaft
Nora Kurzform von Honora und Eleanor, Name einer Romanfigur bei Henrik Ibsens „Das Puppenheim"
Noris Name einer Nymphe, die die Stadt Nürnberg symbolisiert
Norma engl./lat. „Die Regel, das Gesetz"
Nougat nach der süßen Nuss-Kakaomasse; als Farbbezeichnung, z. B. „nougatbraune Augen"
Nour / Noura arab. „Licht", Variante von Nur
Nova lat. „Die Neue"
November lat. „der Neunte", ein Monatsname
Noya hebr. „Göttliche Schönheit"
Nuala irisch „Weiße Schultern"
Nubia / Nubya altägypt. „Gold", Name einer alten Region und Königreichs südlich von Ägypten
Nudel Kosename ohne tiefere Bedeutung
Nugget engl. „Klumpen", z. B. Aus Gold, Goldnugget

Nuit frz. „Nacht"
Nur / Nura / Nuri arab. „Licht"

Oda germ. „Wohlstand, Reichtum"

Odelia / Odilia engl.; von germ. odal, „Vaterland"

Odessa Name einer Stadt in der Ukraine; weibl. Form von Odysseus

Odette frz. Variante von Oda oder Odilia

Olga russ. Form von Helga

Olivia engl. Weiterbildung von Olive, erstmals erwähnt von William Shakespeares Komödie „Was ihr wollt"

Olympia griech., nach dem Berg Olymp, dem myth. Sitz der griech. Götter

Omega der letzte Buchstabe im griech. Alphabet, häufig für das letztgeborene Kind verwendet

Opal engl., Name eines in bunten Farben funkelnden Edelsteins, des Geburtssteins für den Monat Oktober

Ophelia griech. „Hilfe"

Oslo Name der Hauptstadt Norwegens

Ostara Name der germ. Göttin des Frühlings, Namenspatin für Ostern

Ostia nach einem Stadtteil von Rom

Padme _ind. „Lotus"_

Paisley _schott. Verballhornung von lat. basilica, „Kirche"_

Pamina _Name einer Figur in Mozarts „Die Zauberflöte"_

Pancha _span. Koseform von Francisca, „Die Französin" und Esperanza, „Die Hoffnung"_

Pandora _griech. „alle Gaben"_

Panit _punische Fruchtbarkeitsgöttin_

Panja _russ. Kurzform von Namen, die auf -nja enden_

Pansy _engl. „Stiefmütterchen"_

Papaya _nach der exotischen Frucht_

Paquita _span. Koseform von Francesca_

Paris _nach der frz. Hauptstadt_

Patty _Kurzform von Patricia, lat. „Die Adlige"; Peppermint Patty ist eine Figur in der Comicserie „The Peanuts"_

Patou _Name eines frz. Modeschöpfers (Jean Patou) und einer Hunderasse, des Pyrenäenberghunds_

Paula _lat. „Die Kleine, Zierliche"_

Paulina / Pauline _Verkleinerungsformen von Paula_

Payton / Peyton _nach einem engl. Nachnamen_

Pea _engl. „Erbse"_

Peach / Peaches _engl. „Pfirsich" bzw. „Pfirsiche"_

Pearl _engl. „Perle"_

Pebbles _engl. „Kieselsteine"; Name einer Figur aus der Fernsehserie „Die Flintstones"_

Peggy _engl., „Die Perle"_

Pele _hawaii. Vulkangöttin_

Penelope _griech., Name von Odysseus' Ehefrau in Homers „Odyssee"_

Penny _engl. Koseform von Penelope_

Pepi _bayr. Koseform von Josephine_

Pepita _span. Verkleinerungsform von Josefa_

Pepper _engl. „Pfeffer"_

Peppi _Koseform von Pepper_

Pepsi nach dem Limonadengetränk

Perdita lat. „Die Verlorene"

Perle nach der schimmernden Muschelperle

Persephone Tochter von Demeter und Zeus in der griech. Mythologie

Petite frz. „Die Kleine"

Petronella ital. Verkleinerungsform von Petronia

Petzi nach der alten Bezeichnung für einen Bären, Petz; nach der gleichnamigen Comicfigur

Phoebe griech. „Die Reine, Strahlende"

Pia lat. „Die Fromme"

Piccola ital. „Die Kleine"

Piccolina ital. Verkleinerungsform von Piccola, „Die kleine Kleine"

Piepsi Kosename ohne tiefere Bedeutung

Piggy engl. „Schweinchen"

Pika slowen. „Punkt"; slowen. Name von Pippi (Langstrumpf)

Pikka lapp. Koseform von Brigitta, vermutl. von altnord. birgir, „Hilfe, Rettung"

Pilou dän. Koseform von Namen, die mit Phil- beginnen

Pina ital. Kurzform von Namen, die auf –pina enden

Pinky engl. „rosafarben", engl. Bezeichnung für den Kleinen Finger

Pip niederl. Koseform von Philippa

Piper engl. „Pfeifer, Flötist", nach einem Familiennamen

Pippa engl. Kurzform von Philippa

Pippi nach der Romanfigur Pippi Langstrumpf der schwed. Autorin Astrid Lindgren

Piroschka ungar. „Die Rote"

Pixie engl. „Elfe, Koboldin"

Pola poln. Koseform von Appolonia, hergel. von Apollon, dem griech. Gott des Lichts und der Weissagung

Polly engl. mittelalterliche Variante von Molly

Pooja ind. „Lobpreisung"

Poppy engl. „Mohnblume"

Praline nach der Süßware

Primel nach der Blume

Primrose engl. „Primel, Schlüsselblume"

Princess engl. „Prinzessin"

Prisca lat. „altertümlich", weibl. Form eines römischen Familiennamens

Persephone, *eine griech. Göttin der Unterwelt; griech. Name von Proserpina*

Proserpina *eine röm. Göttin der Unterwelt; röm. Name von Persephone*

Prospera *lat. „Die Erfolgreiche"*

Pua *hawaii. „Blume"*

Pualani *hawaii. „Himmlische Blume"*

Pucki *nach der titelgebenden Romanfigur in der Kinderbuchreihe „Pucki" von Magda Trott*

Püppi *Kosename ohne tiefere Bedeutung*

Purzel *Kosename ohne tiefere Bedeutung*

Putzi *Name eines Eichhörnchens in der DDR-Kinderserie „Märchenland"*

Quadra *lat. „Viereckig"*

Quappe *nach der Kaulquappe, der unfertigen Froschlarve; Name einer großen Süßwasser-Fischart*

Quarta *lat. „Ein Viertel"*

Queen *engl. „Königin"*

Queenie *engl. „Kleine Königin"*

Querida *span. „Geliebte"*

Quiche *nach einem salzigen frz. Kuchen aus Mürbe- oder Blätterteig*

Quirly *ein passender Name für ein sehr lebhaftes Tier*

Quitte *nach der gelben Frucht*

Rabia _arab. „Frühling"_
Ragazza _ital. „Ausreißerin"_
Raika _germ. „Die Starke"_
Rainbow _engl. „Regenbogen"_
Rajani _ind. „Die Dunkle"_
Rana _arab. „Die Liebreizende"_
Rapunzel _nach einem Märchen der Gebrüder Grimm (das Mädchen, das ihre langen Haare für den Prinzen herunterließ)_
Rashida _arab. „Die Rechtgeleitete"_
Ravenna _engl. Erweiterung von Raven, Name einer Stadt in Italien_
Reika _jap. „Liebliche Blume"_
Reni _Koseform von Renate und Verena_
Resi _bayr./öster. Koseform von Teresa_
Rhonda _walis. „Guter Speer"_
Rica _Kurzform von Frederica, einer weibl. Form von Friedrich, „dem Friedensreichen"_
Ricarda _ital. weibl. Form von Richard, ahd. „Der reiche Starke"_
Rieke _niederl./dt. Kurzform von Friederike_
Rihanna _walis. „Jungfrau"_
Riva _hebr. Kurzform von Rebecca, hebr. „Eine Schlaufe binden"_
Rixa _niederl./dt. Kurzform für Ricarda und Friederike, einer weibl. Form von Friedrich, „dem Friedensreichen"_
Rocca _ital. Form von Rochus, von germ. hrok, „Ausruhen", St. Rochus ist der Schutzheilige der Kranken_
Romy _Koseform von Rosemarie_
Ronja _Name der Hauptprotagonistin in Astrid Lindgrens „Ronja Räubertochter"_
Rosa _von germ hroth, „Ruhm"; Name einer Blume sowie eines Farbtons_
Rosalie _spätlat. Variante des Namens Rosa_
Rosi / Rosie _Koseformen von Rosa_
Rosita _span. Verkleinerungsform von Rosa, „Die kleine Rose"_

Rosina „Die wie eine Rose ist"

Rosinante Name eines Pferdes in Cervantes' „Don Quijote"

Roxy engl. Kurzform von Roxanne, griech./pers. „Morgendämmerung"

Roya pers. „Traum"

Rubina ital. „Rubin"

Ruby engl. „Rubin", ein himbeerroter Edelstein, der Geburtsstein für
den Monat Juli

Rumba nach einem kubanischen Paartanz

Runa / Rune altnord. „Geheimwissen"

Saba *arab./türk. „Der Morgen"*
Sakura *jap. „Kirschblüte"*
Sally *engl. Koseform von Sarah*
Salome *aram./hebr. „Frieden"; bibl. Name der Tochter von Herodias*
Samba *nach einem Gesellschaftstanz*
Samira *arab. „Abendliche Gesprächspartnerin"*
Sammy *Koseform von Samantha, einer Kombination aus Sam (wie in Samuel) und anthos, griech. „Blume"*
Sandy *Koseform von Alexandra, griech. „Die Beschützerin"*
Sanna / Sanne *schwed./finn. Kurzformen von Susanne*
Santa *ital. „Die Heilige"*
Saphira *hebr./engl. „Saphir"; Geburtsstein für September*
Sappho *Name einer berühmten griechischen Dichterin aus der Antike*
Sarai *hebr. „Meine Prinzessin"*
Sascha / Sasha *slaw. Koseform von Alexandra, griech. „Die Wehr-hafte, Beschützerin"*
Sashi / Shashi *ind. „Mond"*
Savannah *indian./taino „Grasebene"*
Schnecke / Schnuppe / Schnucki / Schmusi *beliebte Kosenamen*
Schlumpfine *Name einer der Hauptfiguren in der Comic-Serie „Die Schlümpfe"*
Schneewittchen *nach einer Figur aus einem bekannten Märchen der Gebrüder Grimm*
Schoko *ein Name, der gut zu Tieren mit schokoladenbraunem Fell passt*
Scully *nach dem weiblichen Part des Ermittlerduos in der US-amerik. Mysteryserie „Akte X"*
Sekai *südafrik./shona „Die Humorvolle"*
Selma *Kurzform von Anselma, germ. „Schutz Gottes"*
Senorita *span. „Fräulein"*
Senta *Kurzform von Creszentia, lat. „Die Wachsende"*
Seraphina *frz./hebr. „Die Feurige", nach einer Gruppe von*

sechsflügeligen Engeln
Shakti *ind. „Kraft"*
Shanti *ind. „ruhig, ausgeglichen"*
Sheila *irische Form von Cecilia, der röm. Schutzheiligen der Musik*
Shekinah *hebr. „Gottes Präsenz"*
Shelly / Shelley *ein engl. Familienname, bekannte Namensträgerin ist Mary Shelley, die Autorin von „Frankenstein"*
Sherry *engl., von frz. chérie, „lieb"*
Shiba / Sheeba *beliebter Tiername; von hebr. Sheba, „Eid, Versprechen"*
Shiloh *hebr. „Die Ausgeglichene"*
Shira *hebr. „Poesie"*
Shirin *pers. „süß"*
Shiva *pers. „redegewandt"*
Sidonie *lat. „Aus Sidon", einer Stadt im heutigen Libanon*
Sienna *engl. orangeroter Farbton, Name einer Stadt in Italien*
Sierra *span. „Gebirge"*
Signorina *ital. „Fräulein"*
Silver *engl. „Silber"*
Simran *sikh „Meditation"*
Sina *Kurzform von Namen, die auf –sina enden*
Sinjun *altengl. Abwandlung von „St. John"*
Siri *schwed./norweg./dän. Kurzform von Sigrid, altnord. „Schöner Sieg"*
Sissi *bayr./österr. Koseform von Elisabeth*
Sixtina *lat. „Die Sechste"*
Skylar *engl./niederl. „Gelehrte"*
Smilla *schwed. „Lächle"*
Smokey *engl. „Rauchfarben"*
Snowball *engl. „Schneeball"*
Sofia / Sofie *griech. „Weisheit"*
Soleil *frz. „Sonne"*
Sprotte *eine kleine heringsähnliche Fischart; der Name passt zu kleinen und eher lebhaften Tieren*
Stella *lat. „Stern"*
Stupsi *Kosename ohne tiefere Bedeutung*
Sugar *engl. „Zucker, Süße"*
Suleika *arab. „Die Verführerin"*

Sultana arab. „Herrscherin, Königin"

Summer engl. „Sommer"

Sunny engl. „sonnig"

Susi Koseform von Susanne, hebr. „Lilie"; auch bekannt als Hundename aus dem Disney-Film „Susi und Strolch"

Sweety / Sweetie engl. „Die Süße"

T

Tabby Koseform von Tabea; als Tabby bezeichnet man auch die Fell-färbung von Katzen, z. B. Tigerung

Tabea hebr. „Gazelle"

Taiga Bezeichnung für einen Nadelwald, wie er in ausgedehnten Maßen im nördlichen Russland zu finden ist

Tala indian./lakota „Pirschender Wolf"; pers. „Gold"

Tami Variante von Tammy

Tammy Koseform von Tamara, hebr. „Palme"

Tamina weibl. Form von Tamino, einer Figur aus Mozarts „Zauber-flöte"

Tanit „Herrin der Schlangen"; Name einer phöniz. Göttin der Liebe, der Fruchtbarkeit, des Mondes und der Sterne

Tante

Taps / Tapsi / Tapsy Kosenamen ohne tiefere Bedeutung

Tara sanskr. „Stern"

Tasha russ. Kurzform von Natascha, von lat. Natalia, „Weih-nachtstag"

Tashi tibet. „Glück"

Tempest engl. „Sturm"

Tendai südafrik./shona „Sei dankbar"

Tenten jap. „Dies und das"

Terra lat. „Land, Erde"

Teresa von griech. „Sommer, Ernte"

Tessa Koseform von Teresa

Thalia griech. „erblühen"; Name einer der neun Musen aus der griech. Mythologie

Thea von griech. theos, „Gott"

Thekla griech. „Gottes Herrlichkeit"

Thisbe Heldin aus der antiken Romanze „Pyramus und Thisbe"

Thora weibl. Form von Thor, dem nord. Gott des Donners

Tiamat babylonische Göttin des Meers

Tiani griech./ägypt. „Prinzessin"

Tibby *Koseform von Tabitha, aram. „Gazelle"*

Tiberia *lat., weibl. Form von Tiberius, „der vom Tiber"*

Tiffy *Koseform von Tiffany, abgel. von Theophanes, griech. „Erscheinung Gottes"*

Tiger *Name einer großen Raubkatze, wird - als Name – meist englisch ausgesprochen*

Tilda *engl./schwed./finn. Kurzform von Matilda*

Tina / Tine *Kurzformen von Namen, die auf -tina/-tine enden*

Tinka *serbokroat./russ./bulg. Verkleinerungsform von Tina*

Tinkerbell / Tinker Bell *Name einer Romanfigur aus M. Barries „Peter Pan"; eine Töpfe schmiedende Fee, deren Sprache wie das Klingeln von Glöckchen klingt*

Tippi / Tipi *engl. Koseform von Tiffany oder Philippa*

Tipsy *engl. „Beschwipst"*

Ti-Puss *nach der Katze der Autorin und Asienreisenden Ella Maillart*

Titania *Name der Feenkönigin in Shakespeares „Sommernachtstraum"*

Toffee / Toffy *Bezeichnung für ein Karamellbonbon*

Tolou *samoan. „Verzeihung"*

Tomke *fries. Variation von Tanne*

Tonka *slowen. Kurzform von Antonia*

Toni / Tony *Koseform von Antonia und Antoinette*

Tonia / Tonja / Tonya *russ. Koseform von Antonia*

Topas / Topaz *dt./engl. Name eines Edelsteins, des Geburtssteins für den Monat Dezember*

Topsy *Kosename ohne tiefere Bedeutung; Name eines berühmten Elefanten, der 1903 in den USA durch Electrocution (Tod durch Stromschlag) hingerichtet wurde*

Tora *jap. „Tiger"*

Tosca / Toska *„Die Toskanerin", Name der Hauptfigur aus Puccinis Oper „Tosca"*

Tosha *amerik. Variante von Tasha*

Toshi *jap. „Die Wertgeschätzte"*

Tova *hebr. „Die Gute"*

Toya *engl. Kurzform von Victoria*

Trine / Triene *dän. Koseform von Katharina, aber auch eine abschätzige Bezeichnung für jemanden, der träge oder ungeschickt ist*

Trinity engl. „Dreieinigkeit"

Trixibelle engl. Kombination von Trixie und Belle

Trixi / Trixie engl. Koseform von Beatrix, lat. „Die Reisende"

Trude Kurzform von Gertrude, germ. „Starker Speer"

Trudy engl. Koseform von Gertrud

Trulla abschätzige Bezeichnung für jemanden, der schludrig und unordentlich ist

Tweety Name eines gelben Zeichentrick-Kanarienvogels, der sich vor den Katzen Babbit und Catsello, und später vor dem Kater Sylvester retten muss

Twiggy engl. „Kleines Zweiglein"

Umbra *nach einem braunen Farbton*
Ulla *Koseform von Ursula, „Die kleine Bärin"*
Ultima *lat. „Die Letzte, die Jüngste"*
Una *lat. „Die Eine"*
Undine *Name weiblicher Wassergeister*
Unique *frz. „einzigartig"*
Urania *griech. „himmlisch", griech. Mythologie, eine der neun Musen, Göttin der Astronomie und Astrologie*
Urmel *Name eines Drachen in der Kinderbuchreihe „Urmel aus dem Eis" von Max Kruse*
Ursula *skand. „Kleiner Bär"*
Usha *ind. „Morgendämmerung"*

Valentina lat. „Die Starke"
Vanilla engl. „Vanille, vanillefarben"
Vanny Kurzform von Vanessa
Veda ind. „Wissen"
Vega Name eines Sternes in der Konstellation Lyra; arab. „Der herabstürzende Adler"
Velvet engl. „Samt"
Venetia ital. Name von Venedig, einer Stadt in Italien
Venice engl. Name von Venedig
Venus lat. „Liebe", Name der röm. Liebesgöttin (griech. Aphrodite)
Vera slaw. „Glaube"
Vero Kurzform von Veronika
Verona nach einer Stadt im Nordosten Italiens
Vesta röm. Göttin des Herdfeuers
Vienna engl. Name der österr. Hauptstadt Wien
Vineta Name einer sagenhaften Stadt an der südlichen Ostseeküste
Viola lat. „Veilchen"
Violetta ital./russ./frz. Verkleinerungsformen von Viola
Vita lat. „Leben"
Viva lat. „Die Lebendige", span. Ausruf „Er/sie lebe hoch!"
Vroni süddt. Koseform von Veronika, griech. „Die Siegbringende"

Walhalla nord. „Wohnstatt der Gefallenen", der Ruheort gefallener Kämpfer in der nordischen Mythologie

Walli / Wally Koseform von Namen, die mit Wal- oder Val- beginnen

Walpurga / Walburga germ. „Die über die Festung herrscht"

Wanda von altdt. „Wende" für in Postdeutschland lebende Slawen

Wanja Koseform von Ivana, einer slaw. Form von Johanna

Wendy engl., von germ. win, „Freund"

Wespe nach dem geflügelten sommerlichen Plagegeist

Wiebke fries. „Die Kriegerische"

Wilhelmine von germ. willa, „Wille" und helm, „Helm, Schutz"

Willow engl. „Weide"

Wilma Kurzform von Wilhelmine

Winnie engl. Koseform von Winifred, altengl. „Freund des Friedens"

Wolke fries. Koseform von Namen, die mit Wal- beginnen, von germ. valdan „herrschen"

Wuschel Kosename ohne tiefere Bedeutung

X

Xana *Name einer Nymphe in der astur. Mythologie*
Xanthippe *Name der streitsüchtigen Frau des Philosophen Sokrates*
Xena *Variante von Xenia; Name der titelgebenden Figur in der Fernsehserie „Xena – die Kriegerprinzessin"*
Xenia *griech. „Gastfreundlichkeit"; Kurzform von Eugenia*

Yamuna nach einem indischen Fluss

Yara hebr. „Honigwabe"

Yentl jidd. „Nobel, aristokratisch"

Yin steht in der chin. Philosophie für das Weibliche, Passive, die Farbe ist Schwarz

Ylva skand. „Wölfin"; von altnord. Úlfr „Wolf"

Yola Kurzform von Yolanda

Yolande / Yolanda mittelalterliche Varianten von Violante, von lat. viola, „violett"

Yoko jap. „Meereskind"

Yucca nach der Palmlilie

Yuki jap. „Schnee"

Yuma jap. „Anmutige Tänzerin"

Yum-Yum In den Krimis der Autorin Lillian Jackson Braun helfen die Siamkatzen Yum-Yum und Koko ihrem Besitzer dabei, Kriminalfälle zu lösen.

Z

Zabou *frz. Koseform von Isabeau*
Zahara *hebr. „Licht, Glanz"*
Zaida *arab. „Die Erhabene"*
Zara / Zahra *arab. „Blume"*
Zecke *nach dem blutsaugenden Insekt*
Zelda *engl. Kurzform von Griselda, ahd. „schöne Heldin"*
Zena *kroat. „Frau"*
Zenobia *griech. „Leben des Zeus"*
Zenzi *dt. Koseform von Crescentia, „Die Wachsende"*
Zicke *ein abschätziger Name für eine sensible, eingebildete oder auf-*
fahrende Person, „Zimtzicke"
Zimba *Name eines Berges in Österreich; Variante von Simba*
Zippi *Koseform von Zipporah, hebr. „Vogel"*
Zita *Koseform von Felicitas lat. „Die Glückliche"*
Zizi *Koseform von Cecilia oder Felizitas*
Zoey *griech. „Leben"*
Zola *nach dem frz. Schriftsteller Emile Zola*
Zora *slaw. „Morgenröte"; Name der Hauptprotagonistin im Roman*
„Die rote Zora"
Zoya *russ. Form von Zoé, griech. „Leben"*
Zura *georg./tschetschen „Funkelnd"*
Zula *äthiop./eritr./tigrinya „Die Strahlende"*
Zuma *jap. „Rennendes Pferd", südafrik./zulu „überrumpeln"*
Zuri *suah. „Die Wunderschöne"*
Zsa-Zsa *ung. Koseform von Zsuzsanna*